유전, 능력, 환경, 노력, 운 **무엇이
나를 결정하는가**

IDENN KA, NOURYOKU KA, KANKYOU KA, DORYOUKU KA, UN NANOKA
- JINSEI WA NANI DE KIMARUNOKA by TACHIBANAKI Toshiaki
© TACHIBANAKI Toshiaki 2017
All rights reserved.

Originally published in Japan by HEIBONSHA LIMITED, PUBLISHERS, Tokyo
Korean translation rights arranged with HEIBONSHA LIMITED, PUBLISHERS, Japan
through The English Agency (Japan) Ltd, and Danny Hong Agency.

무엇이 나를 결정하는가
유전, 능력, 환경, 노력, 운

초판 1쇄 펴낸날 2018년 12월 20일

지은이 다치바나키 도시아키 **옮긴이** 노경아
펴낸이 조영혜 **펴낸곳** 동녘라이프

등록 제311-2003-14호 1997년 1월 29일
주소 (10881) 경기도 파주시 회동길 77-26
전화 영업 031-955-3000 편집 031-955-3005 **전송** 031-955-3009
블로그 www.dongnyok.com **전자우편** editor@dongnyok.com

ISBN 978-89-90514-71-4 (03190)

• 잘못 만들어진 책은 바꿔드립니다.
• 책값은 뒤표지에 쓰여 있습니다.
• 이 도서의 국립중앙도서관 출판시도서목록(CIP)은 e-CIP홈페이지(http://www.nl.go.kr/ecip)와
  국가자료공동목록시스템(http://www.nl.go.kr/kolisnet)에서 이용하실 수 있습니다.
  (CIP제어번호: CIP2018038680)

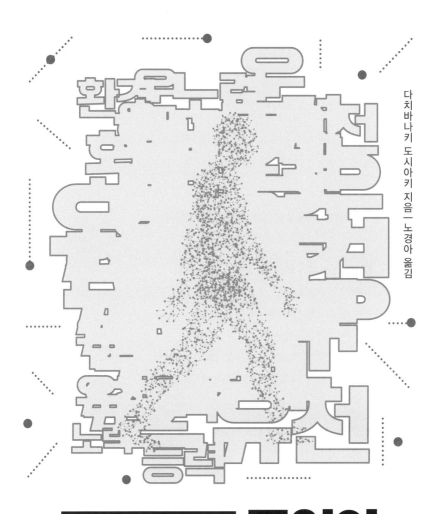

다치바나키 도시아키 지음 ─ 노경아 옮김

유전, 능력, 환경, 노력, 운 **무엇이
나를 결정하는가**

동녘라이프

차례

들어가는 말

격차 사회에서
당신이 우뚝 서기를 바라며

현재, 누구도 전 세계가 격차 사회로 들어선 것을 부인할 수 없게 됐다. 소득과 자산 격차가 커졌고 교육, 직업, 승진 등의 기회도 불평등해져 빈곤층의 자녀는 충분한 교육을 받지 못하고, 정치가의 자녀만 정치가가 된다. 이런 불평등을 어떻게 시정하면 좋을지 사람마다 의견이 분분하다.

이 책에서는 이런 격차 사회에서 성공하려면 어떤 조건을 갖춰야 하는지 다양한 측면에서 탐구했다. 구체적으로는 '유전', '능력', '환경', '노력', '운'이 인생에 각기 어떤 영향을 미치는지 알아봤다.

유전은 부모로부터 물려받는 자질이다. 유전학이 눈부시게 발전한 덕에 유전에 대한 새로운 학문적 사실들이 밝혀졌다. 일반적으로 부모가 체력, 외모, 지능, 성격 등이 우수하면 자녀도 우수할 확률이 높다고 생각하기 마련이다. 그러나 사실은 그렇지 않을 때도 많다. 그래서 '개천에서 용난다'는 말이 나온 것이다.

능력에는 타고난 체력, 예술성, 외모, 지능, 학력學力, 성격 등 다양한 종류가 있다. 이런 능력이 인간의 성공과 실패, 즉 인생의 성과에 얼마나 큰 영향을 미치는지 궁금해하는 사람이 많을 것이다.

환경이란 어릴 때 어떤 가정에서 자라고 어떤 교육을 받았는지를 가리킨다. 이 책에서는 특히 성인이 됐을 때 환경이 인생에 얼마나 영향을 미치느냐를 조사하려고 한다. 뛰어난 능력을 타고난 사람이라도 양육이나 교육 등 환경이 불량하면 크게 성공하지 못하는 경우가 많다. 한편, 뛰어난 능력을 타고나지 못해도 좋은 환경에서 자라나 적절한 교육, 훈련을 받으면 순조롭게 살아갈 가능성이 높다. 이 역시 매우 중요한 주제이므로 자세히 검토하겠다.

노력은 본인이 인생을 얼마나 열심히 사느냐 혹은 게으름을 피우느냐를 나타낸다. 그런데 사실은 노력 역시 능력이나 환경의 영향을 받지 않을 수 없다. 이 점을 고려하면서 노력의 영향력을 평가하려 한다. 특히 공부에 기울이는 노력과 그 효과에 주목할 것이다.

마지막은 운이다. 유전, 능력, 환경, 노력 면에서 완벽히 좋은 조건을 갖춘 사람이라도 불운을 피할 수는 없다. 반대로 모든 조건이 열악해도 운이 좋아서 성공하는 사람이 있다. 운에 대해 어떤 태도를 취하면 좋을지 알아보겠다.

이 책에서는 이렇게 유전, 능력, 환경, 노력, 운이 인생에 미치는 영향을 다각적으로 분석한다. 현명한 독자들이 이 책을 통해 자신의 현재 위치를 냉정히 평가하고 자신에게 어울리는 삶을 살 방법을 찾아낸다면 저자로서 소임을 다했다고 여길 것이다.

1장

유전

부모가 뛰어나면 자녀도 뛰어날까

1 명문가의 역사에서
배우는 교훈

전국·에도 시대에 권세를 누린 가노 일가

———

독자들이 유전, 환경, 교육의 효과를 알고 있다는 전제하에, 일본과 유럽의 유명한 예술가 집안 두 곳을 소개하려고 한다. 이 사례들이 앞으로의 과제를 풀어나가기 위한 실마리를 제시할 것이다.

첫 번째는 가노狩野 일가다. 아즈치·모모야마安土·桃山, 에도江戸 시대에 일본 회화사에서 가장 큰 세력을 자랑했던 화파로 잘 알려져 있으며, 다양한 곳에서 직업 세습제의 대표 사례로 언급된다. 가노 일가가 어떻게 세습을 유지하고 화풍을 계승했는지 살펴보자. 여기서는 미술사학자 다케다 쓰네오武田恒夫의 연구를 참고했다.

초대 가노 마사노부正信

창시자인 만큼 중요한 인물이다. 아시카가·무로마치足利·室町 막부*의 궁중 화가로서 쇼군將軍 요시마사義正의 명령에 따라 긴카쿠지銀閣寺의 장벽화** 등을 그렸으나, 현존하는 작품은 별로 없다. 기존에 유행했던 중국식 수묵화를 주로 그렸고, 아들인 모토노부元信에게 가업을 물려줘 가노파 융성의 기반을 만들었다.

2대 가노 모토노부

아버지의 유전자를 이어받아 수묵화를 기조로 삼으면서도 진眞, 행行, 초草*** 세 가지의 그림체를 창시했다. 또 '야마토에大和絵'****의 대표인 도사파土佐派 화가의 딸과 결혼해(정략결혼이라는 설도 있음) 일본식 화풍을 받아들였다. 화초와 새 등, 색이 진한 장식을 보존했을 뿐만 아니라 큰 화면을 사용하는 전통을 수립했다. 사업 감각도 뛰어나 제자를 많이 둠으로써 소위 가노 화가 집단을 창설하고, 자식

---

* 1192년에서 1868년까지 일본을 통치한 쇼군의 정부. 천황은 상징적인 존재가 되고 쇼군이 실질적인 통치권을 가졌다.
** 일본의 성이나 사찰, 또는 귀족들의 대규모 주거의 내부를 칸막이하는 데 사용한 후스마襖 문이나 병풍 등에 그린 그림.
*** 일본의 기예법으로, 양식과 공간의 가치 개념을 나타내는 이념어이다.
**** 당시 중국의 그림을 지칭하는 카라에唐繪에 상대되는 개념으로 일본의 고유한 전통 양식이라는 뜻.

과 제자들에게 그림 그리는 법을 철저히 가르쳤다.

3대 가노 나오노부直信

모토노부에게는 아들 세 명이 있었는데, 장남이 요절한 탓에 셋째 나오노부(쇼에이松永로도 불림)가 대를 이었다. 둘째가 왜 배제됐는지는 확실히 알려지지 않았다. 유전자를 중시하는 관점에서는 나오노부가 화가로서의 재능이 가장 뛰어났기 때문이라는 대담한 가설을 세울 수 있다. 그러나 다케다에 따르면 나오노부는 평범한 화가였다고 한다. 따라서 가노 일가의 화풍을 다음 세대의 위대한 에이토쿠永德에게 넘겨주는 것으로 자신의 역할을 다한 듯하다.

4대 가노 에이토쿠

에이토쿠는 가노 일가를 대표하는 화가다. 아버지 나오노부보다는 조부 모토노부의 화풍을 계승해 힘차고 웅장한 그림을 그렸다. 아즈치·모모야마 시대의 오다 노부나가小田信長와 도요토미 히데요시豊臣秀吉 등 권력자의 기호에 영합하고 아첨할 줄 아는 영리한 성격의 소유자이기도 했다. '유전인가 환경인가'의 관점에서 말하자면 에이토쿠는 환경에 잘 대처하는 재능을 타고난 셈이다.

5대 가노 미쓰노부光信

에이토쿠의 장남.

6대 가노 사다노부貞信

미쓰노부의 장남이지만 나이가 어려서 숙부인 다카노부孝信에게
실질적인 계승자 자리를 내준다. 이 5~6대째부터 가노파 화풍이 대
중에게 인기를 끌지 못해 가문이 정체에 빠진다.

7대 가노 다카노부

사다노부가 요절하자 자신의 셋째 아들 야스노부安信에게 가문
을 물려준다.

8대 가노 야스노부

나카하시 가노中橋狩野 일가(종가)를 창설한다. 한편 그의 첫째 형
모리노부守信는 가지바시 가노鍛治橋狩野 일가, 둘째 형 나오노부尚信
는 고비키초 가노木挽町狩野 일가를 창설한다. 즉 다카노부의 세 아들
이 가노 3가로 분가한 것인데, 셋 다 에도 막부의 궁중 화가가 되어
지체 높은 가문으로 융성했다.

다카노부의 장남 모리노부는 가노 단유探幽로도 불리는데, 일족

중에서도 특히 저명한 화가였다. 단유는 당시 막부가 교토에서 에도로 옮겨지자 막부 화가로서의 세력을 유지하기 위해 본거지를 에도로 옮겼다. 이때 교토에 남은 산라쿠山楽는 가노 일가의 양자가 되어 교 가노京狩野 일가를 창설했다.

이리하여 가노 일가(일족에서 분가한 하마마치浜町 가노까지 일가에 포함될 때가 있음)는 전국 시대부터 에도 시대까지 화가 집안으로 융성하며 당시 다이묘大名*와 쇼군의 총애를 받았고, 다양한 그림을 그려 권력자에게 공헌함으로써 권세를 누렸다.

가노 3가(혹은 4가)의 자손들은 이름에 모두 '노부信' 자를 썼으므로 분가한 후에도 일족의 영화로운 역사로 한데 묶이기에 충분하다. 이들 모두에게 화가로서의 재능이 있었던 것은 아니지만, 그중 걸출한 화가(에이토쿠, 단유 등)들이 역사에 남을 만한 그림을 그린 덕분에 가문 전체가 화단에서 권세를 누릴 수 있었다.

이런 세습은 당대에 어느 정도 재능 있는 인물이 있을 때는 문제가 없다. 그러나 후계자가 없거나 평범한 인물밖에 없을 때는 유능한 제자를 양자로 삼아 세습을 유지하는 경우가 많다. 가노 일가의 역사가 그 좋은 예다. 그리고 또 한 가지, 가노 일가가 자신들의 화

---

* 10세기에서 19세기에 걸쳐 일본 각 지방의 영토를 다스리며 권력을 누렸던 영주.

풍을 계승할 방법을 대대로 가르치거나 문서로 남겨서 세습을 유지 했다는 사실에 주목할 필요가 있다.

또 가노 일가에는 당대의 권력자나 유력자에게 공물을 바쳐가며 가노 화단을 유지하려 한 사람도 있었다. 예를 들어 에이토쿠는 당시 새로 등장한 화가인 하세가와 도하쿠長谷川等伯* 등을 저지하려 했는데, 그 대책으로 자기 가문의 화가를 도쿠가와德川 일가, 도요토미 일가, 왕가 등 중심적인 위치에 보냄으로써 권력자의 총애를 잃지 않으려 애썼다. 특히 히데요시가 하세가와 도하쿠를 중용했을 때는 에이토쿠의 아들 미쓰노부의 굴욕이 컸던 듯하다. 그러나 미쓰노부는 히데요시의 아들 히데노리의 마음을 붙잡아 가까스로 살아남았고, 섬세한 화풍으로 총애를 되찾았다고 한다.

이처럼 전국·도쿠가와 시대에 가노 일가는 화가 중 가장 두드러진 가문이었지만, 가계를 부흥시키기 위해 화가로서의 능력·업적뿐만 아니라 정치력도 상당히 활용했다. 세습을 위해서는 유전자를 계승하는 동시에 권력의 도움도 받아야 한다는 사실, 즉 주변 환경에 대응해야 한다는 사실을 가노 일가의 역사에서 배울 수 있다.

---

* 도사파, 가노파와 함께 무로마치의 3대 화파로 불린 운코쿠파雲谷派의 핵심 인물.

음악가를 80명이나 배출한 바흐 일가

———

요한 제바스티안 바흐Johann Sebastian Bach는 칸타타, 미사곡, 찬송가, 오르간 작품, 클라비어* 작품, 실내악 등 천 곡 이상을 작곡한 바로 크 음악가이자 오르간 연주자다. 바흐의 집안은 선조 때부터 자손 에 이르기까지 수많은 음악가를 배출한 유명한 가문으로, 유전과 가정환경의 영향을 살펴보기에 딱 알맞은 사례다.

나중에 자세히 이야기하겠지만, 절대음감의 재능은 태어나서 약 5세 이전에 완성된다고 한다. 오르간 연주자, 작곡가, 음악 교사가 많았던 가문이라 집 안에 언제나 음악이 흘러넘쳤을 테니, 바흐도 어릴 때부터 음악적 재능을 연마했을 것이다. 음악가로 성공하는 데에는 유전자에 힘입은 천부적 재능도 중요하지만 아주 어릴 때의 음악 훈련과 연습도 중요한데, 당연히 바흐의 가정에서도 그런 훈 련과 연습이 충분히 이루어졌을 것이다. 바흐에 대해서는 이소야마 磯山·구보타久保田·사토佐藤 등을 참고했다.

바흐 일가를 음악가 집안으로 처음 만든 사람은 16세기의 인물 인 파이트 바흐Veit Bach다. 그는 본업인 빵가게를 운영하며 악기를 연

---

* 건반이 달린 현악기(쳄발로·클라비코드·피아노 등)의 총칭으로, 현재는 주로 피아노를 뜻하 는 말로 사용된다.

주할 만큼 음악을 사랑했으며 독실한 루터파 기독교인이었다. 바흐 일가는 그 후로도 루터파 신앙을 유지했는데, 그것이 나중에 수많은 종교곡을 작곡한 원동력이 됐다.

파이트 바흐 이후 대대로 궁정 악장, 오르간 연주자, 악기 연주자 등을 배출한 가문에서 결국 요한 제바스티안이라는 음악의 거장이 탄생했으니, 가정환경이 개인에게 미치는 영향이 매우 크다고 할 수 있다. 더 구체적으로 살펴보면 파이트 바흐의 아들이 요하네스 바흐Johannes Bach였고, 그의 차남이자 음악가인 크리스토프 바흐Christoph Bach가 요한 제바스티안의 아버지인 요한 암브로지우스 바흐Johann Ambrosius Bach를 낳았다. 이렇게 대대로 계승된 음악적 재능이 요한 제바스티안의 시대에 크게 개화했다고 말할 수 있다.

요한 제바스티안 바흐는 어릴 때 양친을 여읜 후 오르간 연주자였던 큰 형 요한 크리스토프 바흐의 집에서 살았는데, 그때부터 음악에 비상한 관심을 보이며 악기 훈련과 악보 모사에 열중했다고 한다. 타고난 재능과 혜택받은 환경에 노력이 더해져 음악의 대가가 탄생한 것이다.

바흐는 18세에 오르간 연주를 시작하면서 연주와 작곡을 업으로 삼는 음악가가 됐다. 바흐 일가에서는 드물지 않은 일이다. 그 후 아른슈타트, 뮐하우젠, 바이마르, 괴테 등 각지의 교회를 돌아다니다가 라이프치히에 정착했고, 거기서 27년 동안 교회에서 오르간을 연주하고 곡을 쓰는 데 몰두했다. 바흐에게는 아내가 두 명 있었다. 첫 아내(요한이 스물두 살 때 결혼) 마리아 바르바라Maria Barbara도 음악가 집안에서 자랐기 때문에 바르바라의 가정에는 언제나 음악이 가득했다. 둘은 아들 다섯, 딸 둘을 낳았는데 그중 요절한 셋을 제외하고 살아남은 세 아들이 모두 음악가가 됐다.

바흐는 열여섯 살이나 연하였던 두 번째 아내 안나 막달레나Anna Magdalena와도 자녀 열세 명을 낳았는데, 그중 여섯만 살아남아 성인으로 자랐다. 안나 역시 아버지가 트럼펫 주자였던 데다 본인도 가수여서 음악 교육에 열심이었다. 유전과 환경 양면에서 음악가를 낳을 토양이 충분했던 것이다. 그 결과 살아남은 여섯 중 두 아들이 음악가가 됐다. 마리아 바르바라의 아들까지 총 다섯 아들이 음악가가 된 셈이다. 그 다섯 중 가장 중요한 인물이 둘째 카를 필립 에마누엘 바흐Carl Philipp Emanuel Bach다.

흥미로운 사실은, 한때 아버지 요한 제바스티안 바흐보다 아들 에마누엘이 훨씬 더 유명했다는 점이다. 에마누엘 바흐는 아버지의 친구이자 바로크 음악의 대가 게오르그 필립 텔레만Georg Philipp Telemann에게 큰 영향을 받았다. 필립이라는 이름도 텔레만에게서 딴 것이다. (텔레만은 다음 세대의 위대한 작곡가인 하이든과 베토벤에게까지 영향을 미쳤다.)

　에마누엘이 일류 음악가가 된 것은 당연한 일일지 모른다. 아버지의 뛰어난 음악 유전자를 이어받은 데다 어릴 때부터 음악이 넘치는 가정에서 제대로 된 음악 교육을 받았으니 말이다. 그러나 그는 자신이 성공한 것은 아버지의 명성과 지도 덕분이라고 말할 만큼 겸손한 성격이었다고 한다. 에마누엘 바흐는 현역 시절에 클라비어 연주자로 인정을 받았으며 이미 말한 대로 몇몇 종교곡과 기악곡을 작곡해 유명해졌다. 그러나 19세기 이후 아버지의 명성은 한때 사라질 듯했다가 다시 부활하며 점점 높아진 반면, 아들 에마누엘의 명성은 점점 낮아졌다. 요한 제바스티안의 명성이 다시 높아진 것은 모차르트, 베토벤, 멘델스존, 쇼팽, 슈만 등 많은 후대의 작곡가들이 요한 제바스티안을 칭송했기 때문이다. 또 멘델스존이 〈마태수난곡〉을 복원해 무대에 올린 공연이 큰 인기를 끈 덕분에 요한 제바스티안 바흐는 위대한 음악가로서 역사에 이름을 올릴 수 있었다. 한편 슈만 등이 '아버지와 아들은 격이 다르다'라고 비판한 탓에 에마누엘 바흐의 명성은 빛을 잃어갔다. 이처럼 유명한 음악가도 있고 덜 유명한 음악가도 있지만, 바흐 일가는 총 80여 명의 연주자와 작곡가를 낳은 만큼 가계의 재능 세습을 이야기할 때 반드시 등장하는 가문이다. 그러나 바흐 일가의 성공에는 유전, 가정환경, 교육,

직업 세습 등의 요인이 복잡하게 얽혀 있을 뿐만 아니라, 당시에는 현대처럼 유전학이나 가정 사회학 등이 발달하지 않았으므로 어떤 요인이 결정적인 영향을 끼쳤는지 판단하기 쉽지 않다.

2 유전이란 무엇인가

대대로 계승되는 유전 정보

———

부모와 자식은 지능, 외모, 신체적 능력, 성격 등이 비슷할 때가 많다. 이처럼 특정한 형질이 세대를 이어 계승되는 현상을 '유전'이라 부른다.

이는 인간뿐만 아니라 지구상의 모든 동식물에 공통되는 현상인데, 유전 정보를 전달함으로써 이 현상을 관장하는 물질이 바로 유전자다. 유명한 '멘델의 법칙'을 발견한 그레고어 요한 멘델Gregor Johann Mendel이 이 유전 현상을 학문적으로 처음 해명했다.

DNA(디옥시리보핵산)라는 단어를 누구나 들어봤을 것이다. 이

것이 유전자의 본체다. 사람의 DNA는 아데닌(A), 티민(T), 시토신(C), 구아닌(G) 등 4종의 핵산염기로 이루어진다. 생물학자 제임스 D. 왓슨James Dewey Watson이 DNA가 '나선 모양'으로 꼬여 있다는 사실을 발견했다.

사람의 유전 정보는 30억 개의 염기로 이루어져 있다. 그런데 DNA가 2줄의 나선이므로 사람의 유전자는 총 60억 개의 문자로 구성되어 있다고 할 수 있다. 사람은 이처럼 아버지와 어머니에게서 각각 30억 개의 정보를 이어받지만, 실제로 나타나는 유전 현상에는 DNA의 겨우 2%만 반영된다고 한다. 이상이 고등학교 생물 교과서에 나오는 유전에 관한 지식이다. 그 외에 독자들이 알아두어야 할 중요하고도 유용한 지식을 몇 가지만 골라 더 설명하겠다.

우생학을 낳은 '멘델의 유전 법칙'

유전학이라는 학문을 탄생시켜 사회에 큰 영향을 미친 오스트리아의 생물학자 멘델. 그는 완두콩을 다양하게 교배시켜 관찰, 분석한 결과 완두콩의 유전에 규칙성이 있음을 발견한다. 그리고 그것을 '멘델의 법칙'으로 명명했다. 처음에 멘델은 콩의 수술과 암술에 부모의 유전자가 절반씩 나누어지므로(감수 분열) 그 둘을 합쳐 탄생한 자식에게는 평균 형질이 나타날 것이라고 생각했다. 그러나 그는 실험을 거듭한 결과 제1세대와 제2세대에서 일정한 규칙성을 발견했다. 이에 대해서는 분자생물학자 이시우라 쇼이치石浦章一의 해설을 빌리겠다.

멘델은 생물이 어떤 형질(둥근 모양 또는 주름진 모양)에 관해 각각 쌍을 이루는 2개의 유전자를 갖는다고 생각했다. 따라서 둥근 모양의 유전자를 R, 주름진 모양의 유전자를 r로 표시하면 둥근 완두콩 순종의 유전자는 RR, 주름진 완두콩 순종의 유전자는 rr이 된다. 이 순종들을 교배하면 제1세대 잡종 완두콩의 유전자가 전부 Rr이 되는데, R이 우성이기 때문에 겉으로 보기에는 4개의 완두콩 모두가 둥근 모양을 띤다.

이들 제1세대를 다시 교배하면 제2세대 잡종은 RR, Rr, Rr, rr의 네 종류로 나뉜다. 그런데 R이 우성이므로 RR과 Rr은 외견상으로 둥근 모양, rr은 주름진 모양을 띤다. 넷 중 셋이 둥근 완두콩이고 하나가 주름진 완두콩이므로 손자 세대에서는 3대 1의 규칙성이 나타난다. 이것이 멘델의 유전 법칙이다. 이 법칙을 학계에서는 우열의 법칙*, 분리의 법칙**, 독립의 법칙***으로 나누어 설명하지만, 학문을 잘 모르는 일반인들은 '우열의 법칙'을 많이 접했을 것이다. 사실

학문이 더욱 발달한 현대에는 우열의 법칙에 다소 의문이 제기되고 있다. 어쨌든 이 우열의 법칙은 '우생학'이라는 학문을 낳았고 이것이 우리 사회에 매우 중요한 영향을 끼쳤다. 참고로 우성, 열성은 인간의 형질(지능이나 체력 등) 중 우수한 것과 열등한 것을 가리키는 말이 아니다. 대립되는 유전자 중 겉으로 드러나는 성질이나 형질을 '우성'이라 부르고 반대로 숨겨져 있는 형질을 '열성'이라 부를 뿐이다. 앞의 R과 r 중에서는 R이 우성, r이 열성이다.

다윈의 진화론이 사회에 미친 영향

———

나는 〈일본에 엘리트 리더가 부재하는 이유를 찾다日本のエリートリーダー不在の淵源を探る〉(2015)라는 논문에서 세계의 대표적인 지성인 아홉 명을 소개한 적이 있다. 그중 한 명이 멘델과 같은 시대에 살았던 찰스 다윈Charles Darwin이다. 논문에 언급된 다윈에 대한 상세한 설명을 여기에 잠시 소개하겠다.

---

* 서로 대립하는 우성 유전자와 열성 유전자가 있을 때 우성 인자의 형질만 나타난다는 법칙.

** 겉으로는 우성 형질만 보이던 잡종 1세대를 교배하면 우성과 열성이 일정한 비율로 분리되어 나타난다는 법칙.

*** 서로 다른 형질을 나타내는 유전자는 각각 독립적으로 작용한다는 법칙.

다윈은 진화론을 확립한 학자로 유명하다. 진화론은 사람을 포함한 모든 생물이 자연도태로 멸종하거나 더 강한 종으로 진화한다고 주장하는 생물학 이론이다. 그는 1859년에 펴낸《종의 기원The Origin of Species》에서 그 이론을 공개하고, 격심한 생존경쟁 속에서 진화하는 종과 자연도태하는 종의 모습을 생생하게 그려냈다. 다윈이 자연도태(혹은 자연선택)의 원리를 주장하기 전에는 장 바티스트 라마르크Jean Baptiste Lamarck의 '용불용설用不用說(동물이 자주 쓰는 기관은 발달하고 그렇지 않은 기관은 퇴화한다는 학설)'이나 휴고 드 브리스Hugo de Vries의 '돌연변이설(생물이 일정한 자극을 받으면 유전자가 갑자기 변이하여 다른 종이 된다는 학설)' 등이 진화론을 이끌었다.

다윈은 유전자라는 개념이 등장하기 전부터 있었던 이러한 학설들을 염두에 두고 자신의 새로운 이론을 구축했다. 다윈의 새로운 학설은 '다윈 혁명'이라는 말을 낳을 만큼 사회에 큰 영향을 미쳤다. 그러나 여기서 생물학 혁명을 본격적으로 다루지는 않을 것이다. 대신 다윈의 진화론이 성립된 배경과 그것이 우리 사회에 미친 영향을 주로 살펴보려 한다.

먼저 다윈의 삶을 간단히 살펴보자. 다윈은 유복한 의사 가문에서 자라 의사가 되려고 했지만 의학과 맞지 않음을 깨달은 후 케임브리지대학교에서 자연학, 생물학, 지질학 등을 공부했다. 그러다 대학 졸업 후 세계 해도를 작성하러 떠나는 영국 해군 측량선 비글호에 타면서부터 인생의 큰 전기轉機를 맞는다. 다윈은 비글호를 타고 5년간 세계를 여행하며 지구상에 존재하는 다양한 생물의 실태를 관찰했다. 그 덕분에 멸종 위기에 놓인 종, 희귀하고 기묘한 종, 한정된 지역에서 대단히 번성한 종 등을 직접 관찰하면서 진화론의 토대가 될 다양한 생물학적 힌트를 얻을 수 있었다.

특히 남미 대륙 서쪽의 태평양에 위치한 갈라파고스 제도에 서식하는 희귀한 새인 '핀치finch'에서 많은 영감을 얻었다. 핀치는 열네 종이 있었는데, 종에 따라 각각 먹이와 깃털 색, 특히 부리 모양이 달랐다. 다윈은 핀치의 부리가 적합한 먹이를 잘 씹을 수 있는 형태로 다양하게 진화했다고 판단했다(다윈이 꼬리가 긴 '흉내지빠귀'라는 새에게서도 진화의 힌트를 얻었다는 설이 있다). 다윈은 이처럼 생생한 현장을 관찰하고 조사한 뒤 적자생존 및 자연도태를 포함한 '진화론'을 생물학계에 발표했다.

강자가 약자를 배제한다는 위험한 사상
———

다윈은 같은 시대에 살았던 경제학자 및 철학자의 영향을 받아 진화론을 연구하고 발표했다. 그 경제학자는 토머스 로버트 맬서스Thomas Robert Malthus, 철학자는 허버트 스펜서Herbert Spencer로, 둘 다 당시 학계에서 가장 진보적인 영국의 학자들이었다. 맬서스는 '인구는 기하급수적으로 증가하지만 식량 생산은 산술급수적으로 증가하므로, 출산율을 억제하지 않는 한 모든 인간이 아사할 것이다'라는 비관론을 주장한 경제학자로 유명하다. 그래서 출산율 억제를 위한 정책도 다양하게 주장했다. 그런데 나중에 설명하겠지만, 그가 그렇게 주장한 배후에는 우생학적 관점에서 우수한 부부의 출산을 장려하고 열등한 부부의 출산을 억제하겠다는 의도가 숨어 있었다고 한다.

그런 의도를 더 명확히 드러낸 사람이 철학자 스펜서다. 그는 '적자생존'이라는 말을 만든 사람으로, 외부 환경에 적합한 유전자나 형질을 가진 종은 자손이 계속 증가하고, 반대로 외부 환경에 적합하지 않은 유전자를 지닌 종은 쇠퇴한다고 주장했다. 다시 말해 강자가 약자를 배제하는 것이 자연계 및 인간계의 규칙이라는 것이다. 이 사상은 '사회진화론Social Darwinism'의 기원으로 여겨지는데, 다윈도 그 영향을 받아 나중에 《종의 기원》 제6판에서 스펜서를 언급했다. 사회진화론이란 생물계와 인간 사회는 성격은 다르지만 공통적으로 진화하고 있다는 사상이다. 그런데 이 사상은 '적응하는 자

=강자, 적응하지 못하는 자＝약자'로 해석함으로써 우리 사회의 약육강식을 정당화할 위험성이 있다. 그렇다면 다윈의 진화론은 우리 사회에 어떤 결과를 가져왔을까.

첫째, 진화론은 우생학Eugenics 탄생의 계기를 제공했다. 우생학을 창시한 사람은 '평균으로의 회귀'를 주장한 통계학자 프랜시스 골턴Francis Galton이다. 그는 다윈의 사촌 동생으로, 다윈처럼 의학을 배우려다가 적응하지 못해서 젊은 시절 이집트를 방랑했다고 한다. 심리학자이자 정신과 의사인 안도 슈고安藤寿康는 이 점에 착안해 두 사람이 일란성 쌍둥이처럼 유전자를 공유했을 것이라고 추측했다. 성인이 된 후 두 사람이 비슷한 주장을 펼친 것을 보면 일리 있는 추측이다.

골턴은 케임브리지대학교에서 수학을 배우다가 당시 신흥 학문이었던 통계학을 배우기 시작했다. 그리고 생물학과 통계학을 융합해 연구를 거듭한 결과, 어떤 종의 특이한 형질이 부모 세대, 자식 세대, 손자 세대로 이어지다 보면 그 형질이 점점 부모 세대의 평균치에 가까워지는 것을 발견했다. 이것이 '평균으로의 회귀'다. 참고로 통계학에서 쓰이는 '회귀 계수'라는 말도 여기서 유래했다. 사실 골턴은 학생 시절 통계학을 필사적으로 공부했던 나에게도 익숙한 인물이다. 골턴은 세대가 진행될수록 우수한 인간보다 평범한 인간이 많아지는 '평균으로의 회귀'를 막을 방법이 없을지 고민했다. 그 결과 우수한 인간끼리만 자손을 낳고 열등한 인간끼리는 자손을 낳지 않는 것이 바람직하다는 결론을 내렸다. 결국《유전되는 천재 Hereditary Genius》(1869)라는 저서를 통해, 사람의 재능은 거의 유전으로 계승된다고 주장하며 우수한 인간을 많이 배출하기 위한 유전학적 방식, 즉 '우생학'을 제창하기에 이른다. 그 후 우생학은 인간 사회에 지대한 영향을 미쳤다. 그중 가장 심각한 역사적 사건을 꼽자면 악명 높은 독일의 나치스가 유대인을 학살한 사건일 것이다. 그리고 지금은 복지국가가 된 스웨덴이 한때 정신이상자의 출산을 금지하는 법을 제정했던 사건 등을 들 수도 있다. 다윈의 진화론과 골턴의 유전학 이론은 이런 우생학을 지지하는 근거로 쓰이기에 안성맞춤이었다.

둘째, 진화론은 종교계, 정치계의 거센 반발을 일으켰다. 기독교 교리에 따르면 인간은 신의 자식으로 태어났기 때문에, 결코 진화론을 인정할 수 없다며 종교계가 반발한 것이다. 특히 반발이 심했던 미국에서는 정치적인 저항까지 일어났다. 다윈의 나라 영국도 예외가 아니었다. 다윈의 얼굴에 원숭이의 몸을 잘라 붙인 풍자화가 돌아다니는 등, 원숭이가 인간으로 진화했다는 주장에 감정적인 반발이 거셌다.

셋째, 진화론은 앞에서 언급했다시피 스펜서의 적자생존론과 합세해 강자의 논리, 즉 강자가 약자를 배제해야 한다는 사상의 대두를 부추겼다. 인간 사이의 약육강식을 허용하고 경쟁으로 사회 격차가 확대되는 것을 자연의 섭리로 인정해야 한다고 주장하는 사람들이 그 주장의 근거로 다윈의 학설을 활용했기 때문이다. 다윈이 연구 과정에서 이런 사회진화론까지 염두에 뒀는지는 알 수 없다. 추측건대 다윈은 생물학만 염두에 두었을 가능성이 높다. 그러나 세계 각국에서 소득 격차 등 각종 격차가 확대되고 있는 시대를 맞아, '다윈의 진화론을 사회에도 적용할 수 있느냐' 하는 점이 사회적 쟁점으로 떠오르고 있다.

3 유전학의 역사에서 배우는 교훈

유전 혹은 경험 논쟁

—

유전자가 발견된 이래 다음과 같은 논쟁이 꾸준히 이어져왔다. '인간의 체격, 재능, 성격을 결정하는 것은 유전인가 성장 환경인가', '사람의 노력으로 유전적인 불리함을 극복할 수 있는가' 등의 논쟁이다. 나중에 더 자세히 검토하겠지만, 이 논쟁은 '인생은 타고난 자질로 결정된다'는 주장과 '인생은 생후의 경험으로 결정된다'는 주장으로 대립한다.

전자는 콘라트 로렌츠Konrad Lorenz가 발전시킨 유전자 결정론으로, 최근에는 스티븐 핑커Steven Pinker가 주도하고 있다. 한편 이런 유전자 결정론에 반대하는 목소리도 만만치 않은데, 그 대표가 스티븐 제이 굴드Stephen Jay Gould다. 굴드는 자신의 저서《인간에 대한 오해The Mismeasure of Man》(2003)에서 우생학과 인종주의에 반대하는 주장을 펼쳤다. 이 '유전 대 경험' 논쟁은 사실 유전학이 탄생하기 훨씬 전부터 철학자와 정치학자들 사이에서도 이어져왔다.

프랑스의 철학자 르네 데카르트René Descartes는 인간의 지식이 생득적으로 결정된다며 유전자 결정론을 지지했다. 반면 영국의 철학자 존 로크John Locke와 데이비드 흄David Hume은 인간의 지식이 생후의 경험으로 결정된다고 주장했다. 로크와 흄의 주장을 '빈 서판Blank Slate 이론'으로 부르는데, 생후의 경험에 따라 사람의 빈 서판이 서로 다른 다채로운 이야기로 채워진다는 뜻이다. 나는 프랑스와 영국에서 몇 년간 살아본 경험이 있어서 이 쟁점에서 프랑스의 합리주의와 영국의 경험주의의 격차를 다시 한 번 실감한다. 직접 경험한 바로는, 프랑스인은 합리적인 논리(때로는 억지)를 중시하며 영국인은 현실 세계의 사건을 중시하는 경향이 있다.

다음 장에서 유전학에 입각한 우생 사상과 나치스를 살펴볼 테지만, 먼저 유전자 결정론자이자 나치스 당원이었던 오스트리아 학자 콘라트 로렌츠를 조금 더 자세히 소개하려 한다. 로렌츠는 동물학과 우생학 연구자로서 명성을 얻기 이전인 1938년부터 나치스 당원이었다. 나치스는 적극적 우생학을 실천했을 뿐 아니라 우수한 유전자를 가진 남녀의 결혼을 장려하고 그렇지 않은 사람들을 배제해야 한다고 주장하는 소극적 우생학까지 지지했다. 한편 로렌츠는, 우연인지는 모르겠으나 나치스 당원이던 1973년, 생물학에 대한 공로를 인정받아 노벨 생리학과 의학상을 수상했다. 수상의 직접적 이유가 '동물행동학에 대한 공로'였으므로 경제학자인 내가 왈가왈부할 일은 아니지만, 그래도 여기에 나치스 당원이면서 유전자 결정론자였던 로렌츠의 불편한 과거를 알리고 싶다.

'이기적', '이타적'이라는 말에 담긴 도덕적 가치

———

유전자가 발견된 후 유전학은 눈부시게 진보했다. 이 책에서 그 발전사를 자세히 해설하지는 않겠다. 하지만 그중 유익하면서도 직관적으로 이해가 될 만한 몇몇 사실을 소개하려 한다. 유전학의 발전사에 대해서는 매트 리들리Matt Ridley의 《본성과 양육Nature via Nurture》(2004)을 참고하기 바란다. 학자가 쓴 딱딱한 책이 아니라 저널리스트가 쉽게 쓴 책이라서 비교적 편하게 읽을 수 있다. 리들리는 이 책에서 태생(유전)과 양육(환경) 중 한 쪽을 지지하기보다, '양육을 통한 본성'이라는 대안을 제시했다. 양육과 본성이 서로 영향을 주고받는다는 것이다. 반면 생물학자인 리처드 도킨스Richard Dawkins는 유전이 거의 모든 것을 결정한다는 유전자 결정론을 강력히 주장했다. 그는《이기적 유전자The Selfish Gene》(2010)를 통해 '유전자는 이기적으로 행동하는 특성이 있다'고 단언했다. 여기서 '이기적'이란 철학이나 윤리학에서 자주 쓰이는 말로, 자신의 이익을 우선하여 행동하는 특성을 말한다. 저자는 냉혹한 생존경쟁 속에서 자신의 유전자를 더 많이 남기려고 행동하는 생명체의 특성을 '이기적'이라고 표현했다. 다시 말해 이기적 유전자란 자신의 생존 확률을 높이고 번식력을 강화하려고 애쓰는 유전자로 해석할 수 있다.

동물은 개체끼리 먹이를 빼앗으며 강한 개체가 약한 개체를 잡아먹는다. 수컷과 암컷은 같은 성별끼리 맹렬히 싸워서 교미 상대를 쟁취한다. 이것이 생물의 전투다. 도킨스는 이처럼 남을 밀어내고 자기 증식을 꾀하는 행동이 유전자의 세계에서도 동일하게 일어난다고 생각했다. 신체적 특징, 지능, 성격을 포함한 개체의 특질은 부모에게서 자식에게로 계승될 때가 많다. 이처럼 세대 간에 유사점이 많은 것도 이기적 유전자의 존재를 증명한다. 쉽게 표현하자면, 동일한 유전자를 계승해야 유전자의 생존 확률이 높아지기 때문에 부모가 자식에게 유전자를 계승하는 것이다. 이런 생각은 '유전자가 사람을 만든다'는 주장에 힘을 싣는다.

한편 '이기적'의 반대말은 '이타적'이다. 이타적 행동이란 손해를 감수하고라도 남을 위하고 배려하는 행동을 의미한다. 사실 과거의 유전학(생물학)자들은 생물의 이타성을 더 많이 연구했다. 그래서 꿀벌 중에서도 일벌의 이타적 행동에 주목할 때가 많았다. 일벌은 오로지 여왕벌을 위해 일하며 자신의 자손이 아닌 여왕벌의 자손을 남기는 데 전력하기 때문이다. 이런 일벌의 행동이 이타적 행동이다. 일벌은 자신에게는 손해가 될지라도 무리와 종을 위해 이타적으로 행동한다. 생물학자들은 일개미나 사마귀 등에서도 이런 이타적 행동이 나타난다는 점에 주목했다. 그렇다면 도킨스는 동물의 이타적 행동과 유전자의 이기적 특성이 빚어내는 모순을 어떻게 해결했을까? 이에 관해서는 리들리의 요약을 참조했다. 일벌과 일개미는 암컷이지만 스스로 자식을 낳기보다 여왕에게 출산을 위임하고 여왕의 자식을 길러주는 등 이타적 행동을 취한다. 하지만 이로써 자기 종의 번식률을 높이는 이기적 목적이 성취되므로 일벌과 일개미의 행동 역시 이기적 유전자의 작용으로 볼 수 있다는 것이 도킨스의 해설이다. 이 이기적 유전자 이론은 '유전자가 모든 것을 결정한다'는 유전자 결정론을 지지하며, 유전자가 자신의 의사에 따라 이기적으로 행동한다고 주장한다. 그 탓에 우생학을 조장

할 여지가 있다며 반대하는 목소리도 높으니, 어디까지나 신중하게 다뤄야 할 학설이다.

나는 생물학자가 아니기에 이기적 유전자 이론을 정확히 평가할 수 없다. 오히려 경제학 전공자로서 '이타적', '이기적'이라는 말에 담긴 도덕적 가치에 관심이 간다. 이와 관련하여 동물학자인 프란스 드 발Frans de Waal은 원숭이와 침팬지도 타자를 배려하고 서로 돕는다며, 동물에게도 이타적인 도덕이 존재한다고 주장했다. 그는 이 이타적 행동의 동기를 공감Empathy으로 정의했는데, 이것을 통해 동물이 타자의 감정과 의도를 파악하고 서로 위로하거나 협조하고 도울 수 있다는 것이다.

물론 인간도 이런 공감에서 나온 행동, 즉 이타적 행동을 자주 한다. 그러나 이기적으로 행동하는 사람도 많다. 이런 생각을 하다 보니, 과연 인간에게 이타적 행동과 이기적 행동 중 어느 쪽이 우세한지, 그리고 이와 관련된 개체의 경향도 세대를 거쳐 유전될지가 부쩍 궁금해진다.

유전학의 역사에서 배우는 교훈

———

유전학의 발전사를 살펴보며, 마지막으로 내가 강조하고 싶은 사실 몇 가지를 리들리를 참조해 아래와 같이 요약했다.

> ① 유전자는 절대적 존재가 아닌 하나의 구성 요소에 불과하므로 인간이 자유롭게 활용할 수 있다. 유전자는 사람을 제약하지 못하므로 사람이 대응하기에 따라 얼마든지 새로운 가능성을 열 수 있다. 즉, 유전으로 결정된 불리한 초기 조건도 사람의 양육법과 교육, 혹은 환경에 따라 달라질 수 있다.
>
> ② 자녀는 부모를 대부분 닮는다. 양자가 동일한 유전자를 공유할 확률이 높기 때문이다. 그러나 이를 숙명으로 생각해서는 안 된다. 유아기의 교육이나 가정 분위기가 아이의 성격 형성에 큰 영향을 미친다는 사실을 잊지 말자.
>
> ③ 유아기의 주변 인물이 인격 형성, 학력 발달 및 인생 전체의 방향에 큰 영향을 미친다.
>
> ④ 공평한 사회에서는 태생(유전적 재능)이 강조되며 불공평한 사회에서는 양육(환경)이 강조된다. 모두에게 교육과 기회가 평등하게 주어지면 본인의 능력에 따라 성과가 달라질 것이고 반대로 교육과 기회가 평등하지 않다면 자라온 환경에 따라 성과가 달라질 것이기 때문이다.
>
> ⑤ 개인의 유전자 차이가 인종 차이보다 압도적으로 큰 영향력을 행사한다

는 사실이 밝혀졌다. 이 발견은 인종에 따라 재능(예를 들어 지능 등)이 달라진다는 통념에 경종을 울렸다. 특히 인종 문제에 민감한 미국 사회가 주목할 만한 발견이다.

⑥ 사람의 지능과 성격 중 성격이 훨씬 더 많이 유전된다. 즉 자녀는 부모의 성격을 이어받을 가능성이 매우 높다.

이상이 내가 유전에 관해 중요하다고 판단한 사실이다. 다음 장에서 이와 관해 좀 더 자세히 설명하겠다.

4 우생학의 목적은
무엇이었을까?

우생학이란 무엇인가

———

멘델이 유전학의 기초를 닦고 다윈이 진화론의 싹을 틔운 이후, 생물학은 19세기 말에서 20세기에 걸쳐 큰 전기를 맞았다. 우생학이 등장한 것이다. 우생학은 '인간을 비롯한 생물의 유전 구조를 연구해 그 성질을 개량함으로써 인류의 진보를 꾀하려는 운동'으로 풀어 말할 수 있다. 왜 운동이라는 말을 썼느냐 하면, 과학적으로 유전을 연구할 뿐만 아니라 인종을 개량하기 위한 사회적 활동까지 우생학의 영역에 포함됐기 때문이다. 현대에는 유전자 조작으로 생물과 인류의 품종을 개량하려 드는 사람들까지 우생학의 새로운 세력으로 등장하고 있다.

　품종 개량 정책, 즉 우생 정책은 크게 두 갈래로 나뉜다. 하나는 '적극적 우생 정책'으로, 자손의 품질을 높이는 데 주요 목적이 있다. 쉽게 말해 우수한 수컷(남자)과 암컷(여자)을 교배(결혼)시켜 우수한 자손을 낳게 하려는 것이다. 한편 '소극적 우생 정책'은 질 낮은 자손의 탄생을 억제하는 것이 목적이다. 즉 신체적·지적 장애가 있는 사람은 아이를 낳지 못하거나 적게 낳도록 만들어 유전적 장애 아동이 태어나지 못하게 하는 것이다. 이 소극적 우생학은 인간의 자유를 억압하고 인륜에 위배된다는 비판을 특히 많이 받았다. 이 두 갈래의 우생학은 지금 우리 사회에도 중요한 논점을 제공한다. 실제로 이런 정책을 도입한 나라들을 소개하며 우생학을 더 자세히 살펴보자.

우생학 창시자 골턴의 경고가 의미하는 것

　앞에서 말했다시피 나는 원래 골턴을 통계학자로 알았고, 나중에야 그가 우생학의 창시자임을 알았다. 학창 시절 통계학을 공부하면서 골턴의 연구에서 유래한 '회귀식'이라는 말을 배웠기 때문이다. 통계학에서 회귀식이란, 통계데이터를 하나의 수식(예를 들어 $Y=a+bX$, X, Y는 현실에서 관측된 변수, a, b는 추계되어야 할 매개변수 값)으로 최대한 정확하게 나타내려는 수법이다. 그래프 1-1은 X와 Y의 관계를 나타내는 회귀식 그래프인데, 이때 X는 여러 개(X_1, X_2…, X_n)여도 무방하다.

골턴이 주장한 '평균으로의 회귀'가 '회귀식'이라는 말의 어원이다. 그는 꽃의 일종인 스위트피의 세대별 특질을 비교하다가 자녀 세대의 특질이 부모 세대의 특질보다 평균치에 가깝게 나타난다는 사실을 발견하고 이 현상에 '평균으로의 회귀'라는 이름을 붙였다.

이해를 돕기 위해 인간을 예로 들어 생각해보자. 부모가 키가 크면 키 큰 아이가 태어날 확률이 높지만 키 작은 아이가 태어날 가능성도 없지 않다. 마찬가지로, 부모가 키가 작아도 키 큰 아이가 태어날 수 있다. 게다가 키 큰 사람과 키 작은 사람이 결혼하는 일도 많다. 이 모든 요소를 고려하면 자녀의 키는 부모 키의 평균에 가깝다고 생각할 수 있다. 영양 상태가 개선되어 평균 키가 커진 것을 감안하면 사회 전체의 세대별 평균 신장이 거의 비슷하다는 것이 그 증거다. 사람의 키뿐만 아니라 지능이나 학력도 똑같이 설명할 수 있다.

이처럼 인간 사회에서 '평균으로의 회귀'가 성립된다면, 이런 주장을 하는 사람도 나타날 수 있다. 아무래도 키 큰 부모, 혹은 머리

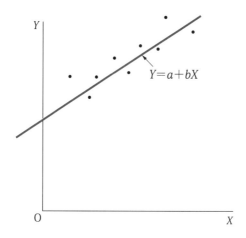

그래프 1-1 **통계학의 회귀식(Y와 X의 관계)**

$$Y = a + bX$$

좋은 부모 밑에서 키가 크거나 머리 좋은 아이가 태어날 확률이 높으니, 국민의 체격(큰 키)과 지능(좋은 머리)을 개선하기 위해 체격 좋은 남녀, 혹은 지능이 높은 남녀의 결혼을 장려하자는 주장 말이다. 이런 주장이 바로 앞서 설명한 '적극적 우생 정책'이다.

골턴은 중년 무렵까지 통계학을 연구하다가 노년 이후 우생학을 연구하기 시작했다. 그 후 1904년에 런던대학교의 UCLUniversity College London에 우생학 연구실을 만들었고, 1907년에 자신의 유산으로 우생학과 통계학 교수직을 신설했다. 골턴의 제자이자 상관계수를 고안한 통계학자로 유명한 칼 피어슨Karl Pearson이 우생학과의 초대 교수로서 우생학의 발전에 기여했다. 골턴과 피어슨은 1901년에 생물통계학 학술지《바이오메트리카Biometrika》를 창간하기도 했다. 우생 생물학과 통계학이 함께 발전했다는 것을 알고 나서는 유전학이 통계학의 훌륭한 응용이었음을 새삼 깨닫는다. 그러면 이번에는 골턴의 우생학을 해설해보자.

골턴의 주장은《유전되는 천재》에 응축되어 있는데, 그 내용을 요약하면 다음과 같다. 사람의 재능은 유전으로 계승되므로 인위적이고 연속적인 선택을 통해 재능이 뛰어난 인간을 늘려야 하며, 현명한 결혼(우수한 남녀의 결혼)으로 그 목표를 이룰 수 있다는 것이다. 그야말로 적극적 우생 사상 그 자체다.

한편 골턴은 빈곤한 부부가 아이를 더 많이 낳는 현실을 지적하며, 이런 사람들은 불행하게도 신체적 장애가 있거나 재능이 모자라기 때문에 특별한 조치를 취하지 않으면 세상이 평범한 사람으로 가득찰 것이라고 경고했다. 과학자 요네모토 쇼헤이米本昌平에 따르면, 영국은 실제로 이 경고를 받아들여 다음과 같은 조치를 취했다고 한다.

1908년, 영국 왕립 정신박약자돌봄및통제위원회Royal Commission on the Care and Control of the Feeble-minded는 정신 장애가 있는 여성이 아이를 많이 낳는다는 보고서를 발표했다. 평범한 여성이 평균 4명을 낳는

데 비해 열악한 환경의 여성은 7.3명의 아이를 낳는다는 것이다. 이에 영국 정부는 1913년, 정신병 여성을 강제 수용하거나 성 접촉을 금지하는 등의 조치를 포함한 정신병 관련법을 통과시켰다. 그러나 즉시 인권을 탄압한다는 비판을 받았다. 이때 힘을 행사한 것이 우생학 연구와 학회 활동, 사회 계몽활동을 주로 하던 '영국 우생학 교육협회British Eugenics Education Society'였다. 경제학자로 유명한 존 메이너드 케인스John Maynard Keynes와 사회주의자 헤럴드 래스키Harold Joseph Laski[*]가 그 회원이었다고 한다.

영국이 복지국가가 되는 방법을 역설한 〈베버리지보고서Beveridge Report〉의 작성자 윌리엄 베버리지W. H. Beveridge도 제2차 세계대전 중에 우생학을 강력히 지지했으며, 페이비언주의자Fabianist[**]인 웹 부부 시드니 웹Sydney Webb과 베아트리스 웹Beatrice Webb 역시 우생학에 우호적이었다고 한다. 지금 언급한 이 영국 지식인들은 보수파가 아닌 자유주의자, 혹은 사회주의자다. 독일의 나치스가 우생학을 기치로 내걸었던 탓에 우파나 보수파 지지자만 우생학을 지지할 것으로 생각하기 쉽지만, 자유주의자 중에도 우생학을 지지한 사람이 많다.

---

[*] 개인적 자유주의를 존중하는 영국의 전통 사상을 강조한 영국 정치학자.
[**] 과격한 혁명보다 점진적 개선을 추구하는 '민주적 사회주의'를 지향하는 페이비어니즘을 지지하는 사람들. 1884년 영국에 설립된 페이비안 협회를 주축으로 한다.

즉 우생학은 정치사상과는 별로 관련이 없다.

백인 우위 사회 미국의 이민 금지법과 단종법
——

미국 역시 우생학을 현실에 응용한 나라 중 하나였다. 미국의 우생학은 대부분 소극적 우생학이었는데, 여기에는 두 가지 이유가 있다.

첫째, 19세기 미국에서는 술이나 약물에 중독되어 범죄를 저지르거나 정신병이 있는 사람이 늘고 있었다. 따라서 사회적으로 그들의 자식을 되도록 남기지 않아야 한다는 풍조가 강했다. 둘째, 알다시피 미국은 이민자의 나라여서 인종 구성이 매우 복잡했음에도 당시 주도적인 역할을 하던 유럽 출신 이민자들을 중심으로 백인 우월 의식이 강해지고 있었다. 특히 앵글로색슨족을 우월하게 여겨 19세기와 20세기 전반에 걸쳐 다른 인종, 예를 들어 남유럽이나 동유럽인, 혹은 유색 인종의 이민을 규제하는 정책을 펼쳤다. 관점에 따라서는 이 정책을 적극적 우생 정책의 변형으로 볼 수도 있다. 그러나 이 당시에는 첫 번째로 언급한 사람들에 대한 조치가 훨씬 대대적으로 실시됐고 그 의미도 컸다. 그 조치의 대표가 범죄자, 매독 환자, 정신병 환자, 신체적·지적 장애인 등이 아이를 갖지 못하게 하는 '단종법'이었다. 1907년 세계 최초의 단종법이 인디애나 주에서 통과됐다. 합중국 헌법에 위배되는 법률이라는 의견도 많았지만 결국 합헌 판결을 받고 32주 후에 실제로 시행된 것이다. 단종법은 미국 전역으로 점차 확산돼, 1936년 캘리포니아 주의 시행 대상이 누계 1만 1418건에 달했다고 한다. 구체적으로는 대상자의 정관 또는 난관을 묶거나 절제하는 조치가 취해졌다.

악명 높은 나치스의 우생 정책
—

우생학이 초래한 가장 암울한 사건은 제2차 세계대전 무렵 발생한 나치스의 유대인 학살 사건일 것이다. 누구나 아는 역사일 테니 길게 서술하지는 않겠다. 독일은 제1차 세계대전의 패전으로 국력이 크게 떨어졌음에도, 이후 바이마르 공화국을 수립하고 경제 부활에 성공해 사회민주주의를 표방한 복지국가가 됐다. 따라서 당시의 국가적 목표는 '인구 증대'와 '의료 발전'이었고, 인구를 늘리는 동시에 사회 구성원의 자질을 높여야 경제가 강해진다는 믿음하에 우생학적 사고방식이 사회에 뿌리내리기 시작했다.

구체적으로 말하자면 성병 환자, 정신병 환자와 알코올·약물중

독 환자가 자식을 낳으면 세상에 우수한 인간보다 열등한 인간이 많아질 것이라는 우려의 목소리가 높아졌다. 바이마르 시대에는 이와 같은 소극적 우생학이 지지를 얻어 불임 수술이 시행되기도 했다. 여기서 주목할 점은, 당시 독일 의학이 세계에서 최고로 발달해 있었다는 것이다. 19세기 후반 세균학자 로베르트 코흐Robert Koch의 등장으로 세균학이 눈부시게 발달한 덕분에 독일은 콜레라, 티푸스, 결핵 등 전염병에서 수많은 사람들을 지키는 등 최첨단의 의학 수준을 자랑했다. 이 덕에 병의 원인 규명, 외과 의술의 진보, 신약 개발 등이 이루어졌다.

이처럼 독일의 진보된 의학이 우생학의 발달을 촉진한 것은 자연스러운 일이다. 환자의 병력을 자세히 기록하고 검사와 치료 기술을 개발하는 데 만족하지 않고, 환자가 발생하는 것을 미연에 방지해야 한다는 예방의학적 사고방식이 등장했기 때문이다. 그래서 의학은 앞서 언급한 주장, 즉 정신적 약자, 성병 환자, 알코올·약물 중독자끼리 결혼과 출산을 금지해야 한다는 주장을 간접적으로 지지하게 됐다. 이처럼 사회적 약자를 배제해야 한다는 사회 풍조, 진보된 의학 기술 등이 우생 정책에 더욱 힘을 실었다. 이때 시행된 조치를 구체적으로 열거해보자.

제일 먼저 1920년에 호적법이 개정된다. 정부는 병력이 있는 사람의 결혼을 금지한 것은 아니지만 남녀가 결혼 전에 병력 기록을 교환할 것을 장려했다. 또 자신이 성병이 있는 것을 알면서도 상대에게 성적으로 접촉한 사람에게 벌칙을 부과했다. 그 후 1993년에는 독일 역사상 가장 강력한 우생 정책이자 최초의 단종법인 '유전병 자손 예방법'이 통과됐다. 이전에도 몇몇 단종법이 상정됐지만 사회적 저항 때문에 의회의 문턱을 쉽사리 넘지 못했는데, 결국 통과되고 만 이유는 무엇일까?

정권이 바이마르에서 히틀러의 나치스로 옮겨진 것이 첫 번째 이유다. 사회제도가 민주주의가 아닌 일당 독재에 의한 국가주의, 전체주의로 바뀌면서 정부가 제시한 법률이 비교적 쉽게 통과되는 분위기가 만들어진 것이다. 또, 미국에서 세계 최초의 단종법을 이미 시행하고 있다는 사실도 단종법 통과를 도왔다. 즉 나치스의 집권으로 정권의 강제력이 높아진 점, 소극적 우생 정책을 지지하는 분위기가 세계적으로 퍼져 있었던 점 등이 독일의 단종법 시행을 가능케 했다. 원래는 단종을 실시하기 전에 본인의 동의를 받아야 했지만, 실제로는 대상자들이 본인의 의사를 명확하게 표현하지 못한다는 이유로 대부분의 조치가 강제로 이루어졌다고 한다.

마지막으로, 악명 높은 독일 나치스의 인종 차별 정책과 우생학의 관계를 살펴보자. 잘 알다시피, 나치스는 유대인을 멸종시키기 위해 홀로코스트(유대인 대학살)를 자행했다. 그러나 특정 인종을 멸종시키려 한 이 조치를 우생 정책의 범주에 넣을 수 있을지에 대해서는 의견이 분분하다. 요네모토 등도 우생학과 인종주의를 별개로 보아야 한다고 주장하지만, 나는 적극적 우생학의 관점에서 두 사상이 밀접한 관계에 있다고 생각한다. 적극적 우생학은 '품종이 우수한 인간(또는 생물)을 늘리기 위해 유전학적 관점에서 다양한 조치를 취해야 한다'고 주장하는데, 나치스가 게르만 민족의 우위성을 확보하기 위해 제일 먼저 도입한 것도 게르만 민족과 유대 민족의 결혼을 금지하는 정책이었기 때문이다. 게르만인은 아주 오래전부터 자기 민족을 흰 피부, 큰 키, 금발, 푸른 눈과 기독교(특히 개신교) 신앙을 소유한 우수한 인종으로 믿으며 유대인을 박해해왔다.

그러나 강조하고 싶은 것이 있다. 게르만인은 유대인을 열등한 민족으로 여겨 멸시한 것이 아니라 오히려 유대인이 너무 뛰어나서 독일과 인간 사회 전체를 지배하게 될까 봐 두려워했던 것 같다. 원래부터 기독교와 유대교는 대립하는 종교였다. 게다가 인류학 연구자들인 코크란, 그레고리, 하펜딩Cochran, Gregory, Harpending이 주장하듯, 아슈케나지 유대인*의 평균 IQ가 유럽인의 평균인 100보다 상당히

---

* 독일 지역에서 유럽 각지로 퍼져나간 유대인들을 가리킨다.

높은 112~115였으므로 게르만인이 유대인의 우수성을 두려워했다는 추측에도 일리가 있다. 실제로 유대인들은 당시 학계, 금융계, 실업계의 실세로 활약하고 있었으므로 그대로 두면 사회 전체가 유대인의 지배를 받게 될 것이라고 우려하는 사람이 많았다. 그래서 히틀러를 따르는 게르만 정치가와 민중이 한데 뭉쳐 정치력을 휘둘러 유대인을 멸종시키려 한 것이다. 물론 게르만인과 유대인 중 어느 쪽이 더 우수한지는 판단할 수 없다. 그것은 매우 위험한 판단이기도 하다. 그래도 나는 여기서 다시 한 번, 게르만인이 흰 피부, 금발, 푸른 눈, 기독교를 이유로 자신들의 우수성을 주장하고 유대인을 배제하려 한 것이 적극적 우생 정책의 일환이라고 강조하고 싶다. 그리고 그 배후에 유대 민족에게 주도권을 빼앗길지도 모른다는 두려움이 있었다고 생각한다.

아시아까지 퍼진 우생 사상
—

일본의 사례, 그리고 아시아에서 가장 앞선 우생 정책을 펼치고 있는 싱가포르의 사례를 간단히 소개한다. 일본에도 한때 적극적 우생학을 들먹이며 일본인의 자질을 향상시키기 위해 서양인과 결혼해야 한다고 주장하는 극단주의자들이 있었다. 하지만 이런 주장은 들여다볼 가치도 없으므로 더 언급하지 않겠다.

오히려 일본은 소극적 우생 정책을 써서 지적·정신적 장애가 있는 사람, 특히 한센병 환자의 결혼을 막았다는 점이 특이하다. 그래서 태평양 전쟁이 발발하기 전인 1940년경에 국민 우생법이 통과되고 단종 수술이 허용되기는 했지만, 당시는 '낳아라, 늘려라'가 국가적 구호로 채택될 만큼 출산이 장려되던 시대였으므로 우생 정책이 제대로 실시되지 않았다.

오히려 전쟁 이후 우생 보호법이 제정된 1948년을 기점으로 일본의 우생 정책이 본격화되기 시작했다. 이때부터 단종 수술도 실제로 시행됐다. 이 시기의 일본 우생 정책의 특징으로 다음 두 가지를 지적할 수 있다. 첫째, 나치스의 우생 정책이 전체주의, 즉 우익의 주도로 이루어진 데 비해 일본의 우생 정책에는 공산당과 사회당 등 좌익도 가담해 있었다. 이 역시 우생 사상이 보수 또는 진보로 구분되는 정치사상과 무관함을 보여준다.

둘째, 전쟁 후 20~30년 동안은 인구 과다가 사회적 문제였으므로 단종 조치 등도 인구 억제 정책의 한 수단으로 활용됐다. 따라서 예전에 성행했던 인공 중절 수술도 한때는 단종 조치와 같은 개념으로 인식됐다. 그러나 저출산 문제가 심각한 요즘에는 우생학과 인공 중절은 어디서도 환영받지 못한다.

아시아 국가 중 일본보다 더 흥미로운 나라가 소국이면서도 경제 발전에 성공한 싱가포르다. 싱가포르 정부는 우수한 인적 자원을 최대한 활용해야 경제를 부흥시킬 수 있다고 믿고 우수한 인재를 공무원으로 적극 채용했다. 잘 알려진 대로, 리콴유 총리는 특히 우수한 노동력을 확보하기 위한 정책을 펼쳤다. 그중 첫째가 우수한 이민자를 유치하는 정책이고, 둘째는 우수한 유전자를 가진 남녀의 결혼을 장려하는 정책이다. 이 둘째 정책이 적극적 우생 정책이다. 좀 더 구체적으로 말하자면, 싱가포르 정부는 고학력 여성이 일에 열중하느라 결혼과 출산을 기피하지 않도록 하기 위해 다양한 조치를 취하고 있다. 그중에는 우리에게는 낯설어 보이는 정책도 있는데, 대대적인 맞선을 개최하거나 대졸 여성의 자녀 양육을 재정적으로 지원하는 조치가 특히 화제다.

2장

능력

다양한 능력을 만드는 다양한 힘들

1 지능은
타고나는 것일까

인간의 능력이란

사람은 천차만별이며 십인십색이다. '천차만별'이란 사람마다 신체적 특징, 재능, 성격, 취미 등이 제각각이라는 뜻이고, '십인십색'은 사람마다 성격이나 인격이 다양하다는 뜻이다. 여기서는 능력이라는 말을 자주 사용하겠지만, 이것을 우수한 두뇌 등으로 대표되는 지적 능력에 한정하지 말고 인간의 다양한 개성을 의미하는 말로 이해하기 바란다. 즉 신체적 특징, 재능, 성격, 취미 등 한 사람의 특질을 전체적으로 살펴봐야 한다는 말이다.

사람의 능력은 어떤 관점으로 분석할 수 있을까? 이 책에서는, 유전을 통해 지능 등의 능력이 얼마만큼 자녀에게 계승되느냐 하는 점을 집중적으로 탐구할 예정이다. 그리고 또 하나, 수많은 능력 중 신체적 능력, 외모, 지적 재능, 성격이 유전되는 정도에 차이가 있느냐 하는 점도 집중적으로 다룬다. 마지막으로 사람의 성패, 예를 들어 소득과 직업적 위치 등으로 드러나는 성공 여부에 유전, 능력, 교육 수준, 노력 등의 변수가 얼마나 영향을 미치는지도 면밀히 살핀다.

자녀의 지능은 부모의 지능으로 결정되지 않는다

——

인간의 능력이라고 하면 누구나 제일 먼저 떠올리는 것이 지능(우수한 두뇌)과 각종 신체 능력일 것이다. 사람의 지능이란 각종 금기가 따르는 영역이라서 그것을 분석하는 일이 언제나 논쟁거리였지만, 나는 지능에 관심이 많으므로 제일 먼저 다루고자 한다.

누구나 알다시피 세상에는 머리 좋은 사람, 혹은 머리 회전이 빠른 사람과 그렇지 않은 사람이 있다. 초등학교, 중학교 때부터 어려운 수학 문제를 간단히 푸는 사람도 있고 성인이 되어 과학 분야의 노벨상을 받는 사람이 있는 반면 학문이나 공부에 대단히 취약한 사람도 있다. 물론 공부에도 수리, 인문, 어학, 사회과학, 의학 등 다양한 분야가 있기 때문에 그중 한 가지에 능숙하고 다른 것에 서투른 사람도 많다. 또 해석, 기억력, 창조력 같은 특정한 능력이 뛰어나거나 열등한 사람도 있다.

'지능'을 조금 더 명확히 정의해보자. 보편적으로 여겨지는 심리학자 린다 고트프레드슨Linda Gottfredson의 정의를 빌리자면 "지능이란 극히 일반적인 능력"으로, "추론하고, 계획하고, 문제를 풀고, 추상적으로 생각하고, 복잡한 개념을 이해하고, 빨리 배우고, 경험으로 배우는 등의 능력"을 가리킨다. 학문, 학력學力과는 별개의 개념임을 주의하기 바란다. 이 모든 능력을 논하자면 방대한 서적이 필요할 테니, 여기서는 극히 일반적인 것, 혹은 이해하기 쉬운 것으로만 범위를 압축해 사람의 지능이 역사에서 어떤 평가를 받아왔는지, 그리고 지능과 유전의 관계는 어떠한지 이야기하겠다.

사람의 지능을 측정하려는 시도는 1장에서 소개한 골턴의 제자이자 통계학, 우생학의 전문가였던 스피어만C.E. Spearman의 'G요인' 이론에서부터 시작됐다. 'G요인'이란 언어, 숫자, 혹은 도형을 얼마나 빨리 해석하느냐를 나타내는 척도로 '일반적 능력'으로도 불린다. 이 'G'를 구체적으로 측정하기 위해 개발된 것이 앞으로 소개할 IQIntelligence Quotient 검사다. 그런데 IQ는 원래 지능이 뛰어난 사람을 찾기 위해서가 아니라 지능이 열등한 사람을 찾아내기 위해서 개발된 도구였다. 학교 교육 현장에서 공부를 따라가지 못하는 학생의 학력을 어떻게든 향상시키려면 지능에 관한 자료가 필요했기 때문이다.

처음에는 심리학자 알프레드 비네Alfred Binet와 스탠퍼드대학교 교수인 루이스 터먼Lewis Terman이 '스탠퍼드—비네' 검사를 개발했고, 미국 심리학자 데이비드 웩슬러David Wechsler가 그것을 바탕으로 현재 쓰이는 IQ 검사의 원형이 될 지능지수를 개발했다. 현재 IQ 검사는 주로 언어 및 수학, 공간 도형에 관한 능력 평가로 이루어진다.

IQ 검사는 평균적인 능력의 소유자를 100으로 설정하고 그보다 높은 점수를 얻은 사람을 우수한 사람, 반대인 사람을 열등한 사람으로 규정한다. 따라서 100을 평균으로 하여 좌우 대칭을 이루는 정규분포가 나타나는데, 90~109 사이인 평범한 사람이 총인구의 50%를 차지하는 반면 130 이상이거나 69 이하로 매우 높거나 매우 낮은 사람은 각각 2.2%밖에 되지 않는다. 130 이상을 천재, 69 이하를 지적 장애인으로 규정하는 곳도 있고 150 이상을 천재, 59 이하를 지적 장애인으로 규정하는 곳도 있다. 일본에서는 초등학교 입학 초기에 이 IQ 검사를 실시하는데, 결과를 본인에게 고지하는 학교와 고지하지 않는 학교가 있다. 하지만 일반적으로는 결과를 본인에게 고지하지도, 외부에 공개하지도 않는다. 반면 미국에서는 익명이기는 해도 개인의 IQ를 대중에 공개한다. 검사 결과를 활용해 지능이 교육 성취와 직업 결정에 미치는 효과, 나아가 소득에 미치는 효과 등을 통계적으로 분석할 수 있다. 따라서 미국에서는 개인의 지능이 미치는 영향을 분석하는 연구가 대대적으로 이루어지고 있다.

일본에서 IQ 검사 결과를 공개하지 않는 것은, 누가 지능이 높고 누가 지능이 낮은지 공공연히 알리는 일이 인륜에 위배된다는 인식이 강하기 때문이다. 또 학교나 사회에서 머리 좋은 사람과 그렇지 않은 사람이 구분되면 차별, 질투, 교만, 괴롭힘 등 바람직하지 않은 현상이 발생할 수 있다는 생각도 있다. 하지만 익명이라면 이런 문제가 일어나지 않을 테니, 익명으로 결과를 공개해 일본에서도 IQ를 이용한 다양한 연구가 진행됐으면 하는 바람이다. IQ가 인간의 지적 능력을 측정하는 척도로 올바른가, 이를 다양하게 분석해 이용하는 일에 어떤 가치가 있는가 하는 문제가 아직도 논쟁거리로 남아 있어 허용론과 회의론이 교차하는 상황이긴 해도 이보다 뛰어난 지표는 아직 개발되지 않았다.

앞서 말했다시피 지적 능력은 복잡다단한 분야에 걸쳐 있어 IQ라는 단 하나의 지표로 뭉뚱그리기 어렵다. 학문이나 학력 검사 등은 셀 수 없이 많지만, 그것은 타고난 지능이 아닌 후천적으로 배운 교육의 성과를 평가하는 수단이다. 원칙적으로는 타고난 지능과 교육의 효과를 구분해 측정해야 하지만 이는 매우 어려운 일이다. 나중에 설명하겠지만, 심리학의 발전 덕분에 인간의 성격에 관한 지표와 측정법은 다수 개발되어 있는 반면 지능에 대한 지표와 측정법은 그다지 개발되어 있지 않은 실정이다. 그런데 여기서 '타고난 지능'이라는 말에 주의할 필요가 있다. IQ 검사는 타고난 지능을 측정하는 것이 목적이므로 동일 인물이라면 여섯 살 때의 IQ와 스무 살 때의 IQ가 같은 것이 정상이다. 그러나 스무 살 이전에 받은 교육의 효과가 스무 살 시점의 IQ에 나타나기 마련이니 이야기가 복잡해진다.

이처럼 이상적인 IQ 검사를 만들 수 없어서 아주 어린 연령에서만 IQ 검사를 실시한다. 나이를 먹은 뒤 동일 인물의 IQ를 다시 검사하지 않는 것도 교육의 효과를 배제한 어릴 때의 지능이야말로 본인의 타고난 지능이라 할 수 있기 때문이다. 그런데 열 살 이전이라고 해서 타고난 지능을 측정할 수 있느냐 하면, 반드시 그런 것도 아니다. 유년기에 어떤 양육을 받았느냐에 따라 IQ가 달라질 수 있기 때문이다. 그래서 IQ가 유전으로 결정되느냐, 아니면 양육(즉 가정환경과 유아 교육 등)의 영향을 받느냐 하는 문제가 또 하나의 논쟁거리가 되고 있다. 미국에서는 일란성 쌍둥이(동일 유전자를 보유할 확률이 높은)와 이란성 쌍둥이(동일 유전자를 보유할 확률이 낮은)를 같은 가정에서 길렀을 때와 다른 가정에서 길렀을 때를 비교하는 실험 등을 통해 IQ의 유전성을 확인하려 한 연구자가 많았다. 물론 일란성 쌍둥이의 결과가 더 신빙성 있는 것은 말할 것도 없다.

이와 관련하여, 리들리가 다양한 연구 성과를 조사해 다음과 같은 결론을 내렸다. IQ의 약 50%가 유전으로 결정되며, 25%가 공유 환경으로 결정되고 나머지 25%가 비공유 환경으로 결정된다는 것이다. 참고로 여기서 말하는 양육법 혹은 환경이란, 가정이 지적으로 어떤 분위기인지, 가정에서 구체적으로 어떤 교육을 하는지를 가리키는 것이 아니다. 리들리가 말한 공유 환경과 비공유 환경이 무엇인지는 다음 장에서 자세히 설명하겠다. 이시우라 역시 흥미로운 연구 결과를 발표했다. 여러 사람이 IQ를 공유할 확률, 즉 비슷한 지능을 보유할 확률은 부모와 자식이 50%, 형제자매가 50%, 조부모와 손주가 25%, 삼촌, 고모, 이모와 조카가 25%, 사촌끼리가 12.5%라는 것이다. 즉 가까운 혈연관계일수록 IQ 공유도가 높아진다는 이야기다. 위 내용을 다른 관점에서 해석하면 이렇다. 부모 자식과 형제자매가 지능을 공유할 가능성은 높기는 하지만 100%는 아니다. 즉 지능이 서로 비슷하다고 해도 부모 자식 혹은 형제자매의 지능이 서로 다른 경우도 꽤 많다는 말이다. '개천에서 용난다'

는 속담처럼, 평범한 부모에게서 우수한 아이가 태어나기도 하고 그 반대의 일도 얼마든지 일어난다. 부모의 지능에 따라 아이의 지능이 결정되고 부모의 소질이 아이의 소질을 결정한다면 세상이 참 재미없어지지 않을까?

IQ에 관한 두 가지 논쟁

———

IQ에 관한 두 권의 연구 논문이 미국에서 발표되면서 일대 논쟁을 일으켰다. 그 내용을 간단히 훑어보며 무엇이 문제였는지 이야기해보자.

첫 번째 논문은 사회심리학자 아서 젠슨Arthur Jensen이 쓴 〈환경, 유전, 지능Environment, Heredity, and Intelligence〉(1969년)이다. 이 학술 논문의 의미와 그 후 논쟁은 전문가로서 안도가 자세히 다루었으므로 그것을 참고하자. 1950년대부터 1960년대에 걸쳐 유럽 제국의 연구자들은 유전과 환경의 관계에 대해 활발하게 연구해 다양한 사실을 밝혀냈다. 그들의 결론을 간단히 요약하면, '사람의 IQ는 유전으로 상당 부분 결정되지만 자라난 가정환경의 영향도 무시할 수 없다. 나아가 학교 교육의 효과는 가정환경의 차이를 능가할 만큼 크므로 학교 교육이 매우 중요하다'는 것이다. 이런 생각이 일반적으로 받아들여지던 때에 젠슨이 등장해 새로운 의견을 제시했다.

젠슨은 'IQ와 학교 성적을 어느 정도 끌어올릴 수 있는가'에 관심이 많았다. 그래서 IQ를 유전 요인과 환경 요인, 교차 요인으로 분리한 후 각각의 공헌도를 측정했다. 통계적으로 말하자면, IQ의 분산을 그 변수의 분산으로 분해해서 상대적인 공헌도를 계산해낸 다양한 연구 결과를 종합해 하나의 결론을 도출한 것이다. 그 결론은 세 가지다.

첫째, IQ의 유전 비율은 대략 80% 정도로 매우 크며 환경과 육아 등으로 결정되는 비율은 상당히 낮다. 즉 앞서 언급한 '유전자 결정론'이 IQ 측면에서도 타당하다는 것이다.

둘째, 집단 내의 유전 규정성과 집단 간의 유전 규정성에 초점을 맞추어 집단을 인종, 즉 백인과 흑인으로 구별하면 백인의 IQ가 흑인보다 높을 가능성이 있다. 또 아시아계 인종은 IQ가 상대적으로 높고 백인 중에서도 히스패닉 계열은 IQ가 낮다.

셋째, 헤드스타트Head Start 프로그램은 쓸데없는 투자일 가능성이 있다. 헤드스타트 프로그램이란 빈곤층(주로 흑인) 자녀를 유아기부터 무료로 교육해 불리한 환경적 조건을 보강하려는 미국 정부의 교육 복지 정책이다. 그런데 만약 흑인과 히스패닉의 IQ가 백인보다 낮다면 헤드스타트 프로그램은 밑 빠진 독에 물 붓기 같은 일이라 할 수 있다. 한편, 젠슨을 능가할 만큼 큰 논쟁을 일으킨 또 하나의 논문은 심리학자 리처드 헌스타인Richard J. Herrnstein과 정치학자 찰스 머레이Charles Murray가 쓴 〈벨 곡선: 미국에서의 지능과 계층 구조 The Bell Curve: Intelligence and Class Structure in American Life〉(1994)으로, 이 논문이 주장하는 바는 네 가지다.

먼저, 사람의 IQ는 좌우 대칭의 종 모양을 띠는 '정규분포'를 이룬다. 또한 지능이 뛰어난 사람은 수준 높은 교육을 받고 좋은 직장에 취직하여 많은 소득을 벌어들이는 반면 지능이 낮은 사람은 교육, 직업, 소득 수준도 낮을 가능성이 있다.

둘째, 인종의 영향력을 배제하기 위해 표본을 백인으로만 한정해 IQ와 사회경제적 지위(교육·직업) 및 소득(부유·빈곤)의 관계를 조사했더니 사회경제적 지위가 낮은 사람이 빈곤해질 가능성이 높기는 하지만 그보다 IQ가 낮은 사람이 빈곤해질 가능성이 훨씬 높은 것으로 나타났다. 타고난 지능 또는 능력이 사람의 성공과 실패를 일차적으로 결정한다는 뜻이므로, 이 역시 '유전자 결정론'을 지지하는 주장으로 볼 수 있다.

셋째, 백인에만 한정하지 않고 백인, 아시아계, 흑인 등 다양한 인종을 포함한 모든 미국인을 대상으로 IQ 검사를 실시한 결과 아시

아인, 백인, 흑인 순으로 IQ가 높았다. 또 백인의 IQ를 100으로 보았을 때 흑인의 평균 IQ는 85였다고 한다. 즉 두 집단 사이에 상당한 지능 격차가 있다는 것이다.

넷째, 두 번째 주장을 고려할 때, 미국 내 백인과 흑인의 대학 진학률에 차이가 나는 것은 두 집단의 가정 소득에 차이가 나기 때문일 것이다. 그러나 IQ 검사 결과를 보면 두 집단의 지능 격차가 그 원인일 가능성도 있다. 미국의 대학들은 기회 평등을 실현하기 위해 흑인의 대학 진학률을 의도적으로 올리는 '어퍼머티브 액션Affirmative Action', 즉 소수인종 우대정책 등을 실시하고 있다.

그런데 헌스타인이 이런 정책으로 열등한 흑인을 대학에 진학시켜도 교육의 성과를 낼 수 없다는 대담한 주장을 펼친 것이다. 이 두 연구 보고서는 미국에서 거센 비판을 받았다. 인종 문제는 미국의 치부라서 사회적 관심이 높다. 그래서 인종마다 IQ가 다를 수 있다는 지적이 유전학, 교육학이라는 학문적 측면의 비판보다는 정치적, 윤리적 측면의 비판과 논쟁을 불러일으켰다.

연령에 따라 지능이 변화할까?

———

본래 IQ는 타고난 능력을 나타내는 지표이므로 동일 인물이라면 유아기, 청년기, 중년기, 노년기의 점수가 다 똑같아야 한다. 바꿔 말해, 교육이나 훈련을 실시해도 IQ가 달라지지 않는 것이 정상이다. 그런데 지능을 측정한 몇몇 연구 사례, 특히 쌍둥이를 표본으로 한 연구에 따르면 의외로 나이를 먹을수록 유전자의 영향력이 강해지는 것으로 보인다.

구체적으로 살펴보면, IQ의 변화에 대한 '양육'의 공헌도는 스무 살 미만에서 대략 40%였다가 나이가 많아질수록 급격히 감소한다. 한편 IQ의 변화에 대한 '유전자'의 공헌도는, 리들리에 따르면 유아일 때 20%였다가 소년, 소녀일 때 40%로 늘어나고, 성인이 되면 60%를 넘으며 중년을 지나면 80%에 달한다고 한다.

어릴수록 양육이 IQ에 큰 영향을 미치고, 나이를 먹을수록 그 영향력이 줄어드는 반면 유전자의 힘이 강해진다는 것이다. 얼마 전까지만 해도 어릴수록 유전자의 영향을 많이 받고 나이를 먹을수록 환경의 영향을 많이 받는다고 여겨졌는데, 전혀 반대의 견해가 출현한 셈이다. 유전(타고난 능력)인가, 환경(양육과 교육)인가 하는 문제는 3장에서 더 자세히 논할 예정이라 여기서는 도입부만 다루겠지만, 먼저 한 가지 유의할 점이 있다. 사람은 분명 나이를 먹을수록 학교 교육이나 훈련의 효과로 학력 및 학문 수준이 높아진다. 이런 학력과 IQ는 전혀 다른 개념이니 혼동하거나 동일시하지 않도록 하자.

시대가 갈수록 높아지는 IQ

최근 100년간 IQ의 역사를 돌아보면, 느리기는 해도 점수가 점점 높아지는 것을 알 수 있다. 구체적으로 말하자면 조부모 세대, 부모 세대, 자녀 세대, 그리고 손자 세대로 나아갈수록 IQ 검사 점수가 높아진다. 심리학자 제임스 플린James Flynn이 발견했으므로 전문가들은 이 현상을 '플린 효과Flynn effect'라 부른다. IQ는 10년마다 약 3점씩 서서히 상승했다. 여기에는 다양한 원인이 있을 것이다.

첫째, 지능이 상승한 것이 아니라 IQ 검사가 보급됨에 따라 사람들이 득점 기술을 터득했다는 해석이 있다. 누구든 검사를 여러 번 보면 시험 방식에 익숙해질 것이고, 과거와 비슷한 유형의 문제를 접하면 손쉽게 정답을 읽어낼 수 있으니 일리가 있는 가설이다.

그러나 전문가들은 이런 효과가 있다고 해도 매우 미미할 것이라고 주장한다. IQ 검사는 이런 효과를 배제하는 문제로 구성되고 있고, 언제나 평균이 100점이 되도록 설계되므로 이런 적응 효과는 무시해도 좋다는 것이다.

둘째, 최근 100년 동안 전쟁 중일 때를 빼고는 경제성장률이 상당히 높았으며 국민 소득도 가파르게 신장했기 때문이라는 주장도 있다. 소득 신장은 사람들의 영양 상태를 개선했으므로 아기가 어머니의 자궁 속 태아였을 때부터 풍부한 영양을 섭취하여 뇌가 잘 발달했다는 것이다. 출생 후에 유아에게 풍부한 영양이 공급된 것도 뇌 발달에 기여했을 것이다. 그러고 보면 몇백 년 전, 몇천 년 전, 혹은 몇만 년 전에 비해 인류의 뇌가 상당히 무거워졌다는 사실 역시 세대가 진행될수록 인간의 지능이 높아졌다는 방증일 수 있다. 요컨대 영양 상태가 개선된 결과라는 이야기다.

셋째, 최근 100년 동안 세계 각국, 특히 선진국의 초등학교 취학률과 중·고등학교 진학률이 높아졌기 때문에 IQ가 높아졌다는 주장도 있다. 사람들이 학교에서 공부하는 시간이 늘어났으므로 학력이 향상됐고, 그래서 지능 검사 점수도 높아졌다는 것이다. 하지만 앞서 말했듯 학력과 지능은 별개이므로 취학 아동 수가 늘어난 것의 효과는 아주 미미할 듯하다.

넷째, 사회심리학자 리처드 니스벳Richard Nisbett이 주장한 것처럼,

유아일 때 부모가 그림책을 읽어주고 숫자를 가르쳐주는 시간이 많아져서 유아의 언어 능력, 논리(수학) 능력, 회화 능력 등이 향상됐다는 주장이다. 이는 분명 IQ 검사 점수를 올리는 데 도움이 되는 능력이므로 자녀와 손자 세대의 IQ를 높이는 데 기여했을 가능성이 크다.

하지만 무엇이 진짜 이유인지 의문은 남는다. 단순히 IQ 검사의 득점 기술을 터득한 것에 불과하다는 해석도 일리가 있다. 그러나 유아기에 그림책에 친숙해지고 수학과 산수, 혹은 회화와 도형을 접함으로써 사고 능력이 높아졌고 지능이 향상됐다는 해석도 일견 타당하다. 유아 교육의 효과에 관해서는 3장에서 더 자세히 검토하겠다.

다섯째, 네 번째와도 관련된 이야기인데, 최근 들어 유아와 아동이 텔레비전이나 만화를 접할 기회가 많아졌으므로 시각적으로 도형을 인식하는 능력이 향상됐다는 주장이다. 그래서 그림이나 도형이 많이 활용되는 IQ 검사에서 높은 점수를 받았다는 것이다. 이것 역시 네 번째와 마찬가지로, 정말로 지능을 높인 요인일지 다소 의문은 남지만, 적어도 유아기의 생활환경 변화가 인간의 표면적 지능을 높인 것은 사실인 듯하다. 요컨대 시대가 바뀌고 세대가 진행됨에 따라 IQ가 높아진 것은 사람들이 검사 요령을 터득했기 때문이기도 하고 영양 섭취가 양호해지고 생활환경이 바뀜에 따라 지능이 높아졌기 때문이기도 하다. 따라서 후세대일수록 지능이 높다는 사실을 이제는 조금 인정해도 좋을 듯하다.

2 지능 이외의 능력을
   살펴보자

운동 능력은 얼마나 유전될까

———

부모가 자식에게 물려줄 수 있는 능력은 지능 이외에도 다양하다. 그중에서도 중요한 것이 신장, 몸무게 등 신체 조건과 달리기, 던지기, 뛰기, 헤엄치기 등 각종 운동 능력이다. 이런 신체적 능력에 대한 연구 결과들을 간단히 요약해보자. 신장에 관해, 다치바나 아키라橘玲는 66%라는 유전율을 제시했다. 여기서 '유전율이 66%'라는 말은 키의 66%가 유전으로 결정되며 나머지 34%가 환경, 즉 양육으로 결정된다는 뜻이다. 그러나 이는 키 큰(작은) 부모가 키 큰(작은) 아이를 낳을 확률이 66%라는 뜻이 아니다. 이 66%라는 숫자를 두고 유전의 효과가 크다고 해야 할지, 아니면 적다고 해야 할지 해석은 여러 가지다. 그저 유전이 어느 정도, 혹은 상당한 역할을 담당하고 있다고 이해하면 될 듯하다. 그러나 나머지 34%도 무시할 수 없다. 영양 공급이나 양육 방식, 혹은 운동 및 훈련 방식에 따라 키가 어느 정도 달라질 수 있다. 또 몸무게는 유전율이 74%라고 하니, 키보다 유전이 담당하는 역할이 더 크다.

운동 능력의 유전에 관해서는 안도가 쉽게 설명해놓았다. 그의 자료에는 호주의 캐서린 노스Kathryn North 연구팀이 단거리 경주와 장거리 경주에 강한 사람의 유전자를 검증한 결과가 소개되어 있다. 단거리 경주를 잘하는 사람에게는 'ACTN3'이라는 유전자 중 'RR'형이 많다고 한다. 일반인은 이 유형이 약 30%밖에 되지 않지만 올림픽 선수 등 단거리 선수의 경우 50%나 된다는 것이다. 반대로 지구력을 필요로 하는 장거리 선수에게는 'XX'형이 많았다고 한다. 단거리나 장거리에 강한 사람에게 특수한 유전자가 작용하는 것은 유전자에 대한 학술적 지식이 없는 일반인이라도 쉽게 상상할 수 있다. 운동 능력에는 유전이 상당히 중요하다고 할 수 있다.

일본의 체조 선수 우치무라 고헤이內村航平의 사례도 살펴보자. 그는 2017년 10월에 7연패에 실패하기 전까지 개인 종합 세계 선수권에서 사상 최초로 여섯 번 연달아 금메달을 딴 위대한 선수로, 올림픽에서도 2연패를 달성했다. 그의 부친과 어머니도 체조 선수였으므로 체조를 잘하는 유전자를 물려받은 것이 틀림없다.

게다가 그의 부모는 그를 어릴 때부터 체조 교실에 보내 조기 교육을 받게 했고, 그 후에도 체육대학교에 진학시켜 본격적인 훈련을 받게 했다. 우치무라 선수는 줄곧 우수한 환경과 교육의 혜택을 받은 셈이다. 하나의 위인이 탄생하려면 훌륭한 유전적 소질과 환경적 조건이 상승효과를 발휘해야 하는 듯하다. 다음 장에서 환경과 교육의 효과를 자세히 검토할 테니 지금은 이렇게 잠재적인 결론을 내리자.

유전적인 요소가 강한 음악적 재능
—

하버드대학교 심리학과 교수 하워드 가드너Howard Gardner는 인간의 지능을 다섯 가지로 분류했다. ① 언어, ② 논리(수학), ③ 공간(회화, 도형 등), ④ 운동, ⑤ 음악이다. 앞에서 ①, ②, ④는 이미 이야기했으니 지금부터 ③ 미술과 ⑤ 음악에 관한 능력을 살펴보자. 〈1장〉에서 음악가 바흐의 가계, 미술가 가노의 가계를 소개하며 음악과 미술 분야에서도 능력이 세대를 이어 계승된다는 이야기를 했다.

그런데 최근 유전학 연구 덕에 새로운 사실이 밝혀졌다. 음악적인 재능의 유전 효과를 단정할 수는 없지만, 적어도 유전이 그림 재능보다는 음악 재능에 더 큰 영향을 미친다는 것이다. 특히 리듬감은 유전의 영향력이 매우 강하다고 한다. 아프리카계 중 리듬감이 뛰어난 사람이 많은 것도 그 때문이다.

가장 파악하기 어려운 것은 '성격'

———

사람이 타고나는 특성 중 가장 파악하기 어려운 데다 이런저런 논쟁의 씨앗이 되는 것이 '성격'이다. 성격을 파악하기 어려운 이유는 IQ나 소득처럼 수치화할 수 없기 때문이다. 또 본인 스스로 질문에 답한 결과를 집계해 성격을 판단하는 것도 문제가 된다. 일례로 '거짓말을 잘하는 성격인가?'라는 질문에 대한 대답은 신뢰할 수 없거나 오차의 여지가 많을 것이다. 그러나 심리학자들은 끊임없이 이것저것 연구하여 사람의 성격을 탐구하려는 노력을 기울이고 있다. 여기에서도 그들의 연구를 바탕으로 성격에 관해 이야기해보려 한다.

20세기 후반, 쌍둥이 연구를 통해 성격 탐구가 이루어지기 전까지는 유전이 성격에 미치는 역할이 그리 크지 않다고 여겨졌다. 그러나 유전학자 토머스 부처드Thomas Bouchard 등은 유전자를 공유하는 일란성 쌍둥이가 전혀 다른 가정에서 자란 케이스를 검증한 결과 그들이 성인이 된 후에도 성격이 비슷하다는 사실을 알아냈다. 즉 유전이 사람의 거의 모든 성격을 결정한다는 것이다. 부처드와 클라크William Roberts Clark, 그룬스타인Michael Grunstein을 비롯한 여러 연구자 역시 각기 다른 가정에서 자란 일란성 쌍둥이가 이란성 쌍둥이보다 훨씬 성격이 비슷하다는 사실을 알아냈다. 이후 인간의 성격에 관해서도 '유전자 결정론'이 주류를 이루게 됐다. 이시우라는 전 세계에서 가장 신뢰받는 성격 검사인 TCITemperament and Character Inventory(기질 성격 검사)를 소개했다. 이 검사에서는 인간의 성격 요소를 다음 일곱 가지로 나눈다.

① **자극추구**Novelty Seeking (호기심이 강한 경향)

② **위험회피**Harm Avoidance (신경질적인 경향)

③ **사회적민감성**Reward Dependence (타인에게 인정받으려는 경향)

④ **인내력**Persistence (끈질긴 경향)

⑤ **자율성**Self-directedness (자립심이 강한 경향)

⑥ **연대감**Cooperativeness (연대하는 경향)

⑦ **자기초월**Self-transcendence (신비한 것에 끌리는 경향)

이시우라에 따르면, 이 요소들 중 ①~④는 유전적 영향을 많이 받고 ⑤~⑦은 환경적 영향을 많이 받는다고 한다. 심리학계에서는 ①~④를 '기질'로, ⑤~⑦을 '성격'으로 분류한다. 기질이란 '타고난 성격'과 거의 같은 말이다. 성격은 그 사람이 자라난 환경, 어울렸던 사람들의 영향을 받으므로 후천적인 성격에 포함된다.

요즘 심리학계에서는 TCI 이외에도 사람의 성격을 '빅 파이브Big 5'라는 다섯 가지 특질로 압축해 제시했다. 나 역시 사코다와 함께 쓴 《부부격차사회夫婦格差社会》(2016)에서 이 다섯 가지 성격 요소가 사람의 행복감 형성에 어떤 영향을 미치는지 연구했다. 다섯 가지 요소는 다음과 같다.

> ① **성실성**Conscientiousness (자기 통제력, 달성 의지, 성실성, 책임감)
>
> ② **개방성**Openness (지적 호기심, 상상력, 새로운 것을 받아들이는 자세)
>
> ③ **신경증**Neuroticism (환경과 스트레스에 대한 민감함, 불안과 긴장)
>
> ④ **외향성**Extraversion (사교성과 강한 활동성)
>
> ⑤ **협조성**Agreeableness (이타성과 공감성, 친절함)

평가자는 사람의 성격이 이 다섯 가지 중 어떤 요소를 많이 갖고 있는지 알아내기 위해 대략 70개 항목의 질문을 제시한 후 답변을 다섯 가지로 통합해 점수를 매긴다. 응답자는 구체적인 숫자로 각각의 성격을 표현하는데, ②의 경우 1) 매우 개방적이다, 2) 약간 개방적이다, 3) 보통이다, 4) 약간 폐쇄적이다, 5) 매우 폐쇄적이다 중 하나를 선택하면 된다.

이 다섯 가지 성격 요소가 서로 얼마나 영향을 미치는지, 대상을 일본인으로 한정해 계산한 연구가 있어 이를 표 2-1에 정리했다. 이 표에서 드러난 몇 가지 사실을 요약하면 다음과 같다.

첫째, 신경증은 다른 모든 성격과 상충한다. 즉 신경이 예민하고 불안 및 긴장도가 높은 성향은 다른 성향과 양립하지 못한다. 쉽게 말해 까다로운 사람은 호감 가는 성격을 갖기가 어렵다.

둘째, 가장 상관도가 높은 성격은 0.5644를 받은 성실성과 개방성이고, 그다음으로 높은 것이 0.3718을 받은 개방성과 외향성이다. 호기심 많은 성격은 강한 성취 의욕과 책임감, 사교성과 양립하기 쉽다는 뜻이다.

셋째, 모든 성격과의 상관도가 0.2 이하로 비교적 낮은 성격은 협조성이다. 즉, 협조성은 다른 성격과는 별개로 평가되는 성격이다. 이상, 우리의 일반적인 상식과도 잘 부합하는 심리학의 단골 주제 빅 파이브를 잠시 살펴봤다.

심리학자 던Dunn과 플로민Plomin(1990)에 따르면, 성격 요소의 약

표 2-1 다섯 가지 성격 변수 사이의 단순 상관관계

	성실성	개방성	신경증적 경향	외향성
성실성				
개방성	0.5644			
신경증적 경향	-0.3428	-0.2305		
외향성	0.3356	0.3718	-0.3817	
협조성	0.1491	-0.1409	-0.266	-0.1289

※여기에는 일본인의 데이터만 나타나 있으나 원본에는 미·영·프·독 4개국의 데이터가 포함된다.

40%가 유전 요인으로 정해진다고 한다. 한편 공유 환경(주로 가족)은 10% 미만, 개인의 비공유 환경(예를 들어 질병, 사고, 친구관계 등)은 35%의 영향을 미친다고 한다. 나머지 약 20%는 관측 불가 요인으로 분류된다. 즉, 지금까지 이야기한 대로 유전이 성격을 전부 결정하는 것은 아니더라도 성격에 상당한 영향을 미친다고 할 수 있다.

3장

환경

좋은 환경이 모든 것을 이길까

1 인생을 크게 좌우하는 가정환경

부모의 교육, 직업, 소득이 자녀에게 미치는 영향

———

'태생과 양육' 중 태생(유전과 능력)은 앞서 〈2장〉에서 자세히 논했으므로 이번에는 양육, 즉 환경과 교육 부분을 살펴보자.

인간은 일반적으로 결혼한 남녀 한 쌍에게서 태어나 성인이 되어 독립하기 전까지 그 슬하에서 성장한다. 그러나 최근에는 이혼이 증가하는 추세라서 독립할 때까지 한 아버지와 한 어머니의 양육을 받지 않고 재혼한 계부나 계모에게 양육받거나 한부모 가정에서 자라는 사람도 많다. 범위를 더 넓히면 결혼하지 않은 남녀 혹은 동성 커플 등의 가정에서 나고 자라는 아이도 있지만, 여기서는 이런 케이스까지 다루지는 않겠다.

부모가 제공하는 가정환경에서 가장 주목할 만한 변수는 부모의 교육, 직업, 소득이다. 이런 조건을 보통 SES Socio-Economic Status, 즉 '사회경제적 지위'로 부른다. 이는 부모가 교육을 얼마나 받았으며 어떤 직업에 종사하고 얼마만큼의 소득을 버느냐, 즉 부모의 지위가 상층, 중층, 하층 중 어떤 계급에 속하느냐를 나타내는 변수다. 그 외에 또 하나의 지표로 개발된 것이 HOME Home Observation Measurement of the Environment(환경 측정을 위한 가정 관찰)인데, 이것은 가정 내의 양육에 주목한 지표로, 가정 외 학습 경험(박물관 및 도서관 경험: 유럽과 미국에는 학원이 거의 없으므로 학원은 제외함), 가정 내 문장 경험(책 읽어주기, 신문 및 잡지 구독), 가정 내 기술 교육(문학, 수학, 색상 교육), 가정 내 징벌(엄격하거나 온화하거나), 가정 내 예절 교육 등 가정 내에서의 다양한 교육과 훈육 상황을 측정하는 데 쓰인다.

SES는 객관적인 사회경제적 지위, HOME은 가정 내 부모의 양육 방식에 대한 정보이므로 이 두 가지는 전혀 다른 의미를 지닌다. 전자는 주로 경제학, 사회학적 관심에 기반한 지표이며 후자는 주로 심리학, 교육학, 생물학적 관심에 기반한 지표다. 원래는 아이의 성장에 미치는 효과를 알기 위해 둘 다 고려하는 것이 이상적이지만, 아직은 전자인 SES가 좀 더 자주 활용되고 있다.

SES에 대해 조금 더 이야기해보자. 이것은 교육, 직업, 소득의 세 가지 변수를 종합해 지수로 만든 것이다. 이중 '교육'은 어떤 수준의 교육을 이수했느냐(중졸, 고졸, 대졸, 대학원졸) 하는 양적인 측면과, 마지막으로 졸업한 학교가 얼마나 명문이거나 유명한가, 하는 질적인 측면을 둘 다 포함하는 개념이다. 또 '직업'이란 직무의 난이도, 필요한 교육과 기능의 정도, 책임의 무거움 등을 나타내는 지표로, '직업적 지위'로 바꿔 말할 수 있다. 마지막 '소득'은 따로 설명할 필요가 없을 것이다. 이 세 가지 변수를 종합한 SES 득점이 높으면 부모의 사회적 지위와 소득이 높다는 뜻이므로 자녀의 교육과 직업 결정 및 소득 결정이 유리해진다고 볼 수 있다.

입양된 아이의 지능지수

—

양친의 SES를 참고해 SES가 자녀에게 미치는 효과를 분석한 연구 사례는 매우 많다. 그중 대부분은 부모의 SES가 자녀의 사회적 성공에 상당한 영향을 미친다고 주장한다. 그러나 SES가 아이의 IQ에 미치는 효과를 분석한 사례는 거의 없었다.

흔치 않은 몇몇 사례 중에서 니스벳의 연구 결과를 소개한다. 이 연구에서는 양자로 자란 사람들이 각각 어떤 부모에게서 태어났고 입양 후 어떤 가정에서 자랐는지에 주목해 양쪽 부모의 SES가 높을 때와 낮을 때를 비교했다. 즉, 낳은 부모의 SES와 기른 가정의 SES가 자녀의 IQ에 어떤 영향을 미쳤는지 조사한 것이다.

그 결과 이런 사실이 밝혀졌다. SES가 낮은 가정(하류층)에서 태어난 아이가 SES가 높거나 중간인 가정(즉 중상류층)에서 자랐을 경우에는 IQ가 하류층 평균보다 18포인트 높았다. 하류층 부모에게 태어났을 때는 IQ가 낮았다 해도 입양된 후 중류나 상류층 가정에서 성장한 뒤 IQ가 상당히 향상됐다는 뜻이다. 다시 말해 니스벳은 사람이 양호한 환경에서 성장하면 지능이 향상될 가능성이 있다고 주장했다. 이는 'IQ는 타고난 특질이므로 어떤 환경에서 자라든 변하지 않는다'는 유전자 결정론에 정면으로 반기를 드는 주장이다. 사람의 IQ가 유전으로 정해진다는 사고방식을 부정하고 가정환경이 양호하면 아이의 IQ를 높일 수 있다는 이야기이기 때문이다.

쌍둥이를 다른 환경에서 키우면

유전과 환경의 관계를 연구하는 연구자에게 더없이 중요한 자료를 제공하는 존재가 바로 쌍둥이다. 쌍둥이는 수정란이 둘로 나뉜 일란성 쌍둥이와 우연히 수정란 두 개가 동시에 배란돼 생긴 이란성 쌍둥이가 있다. 전자는 원래 하나의 정자와 난자가 결합한 수정란이므로 나중에 둘로 나뉘어 두 명이 됐어도 뿌리가 같다고 볼 수 있다. 즉 유전적으로 동일 인물이므로 유전 정보가 100% 공통된다. 주변에서 일란성 쌍둥이가 판박이처럼 똑같이 생긴 것만 봐도 알 수 있는 사실이다. 한편 이란성 쌍둥이는 다른 시기에 태어난 형제자매처럼 각기 다른 정자와 난자가 결합해 발생하므로 유전 정보의 50%만 공통된다. 그래서 이란성 쌍둥이는 일반적인 형제자매만큼만 닮는다. 이런 쌍둥이가 자라난 환경을 조사함으로써 유전과 환경 중 어느 쪽이 더 중요한가를 알아내려는 연구자가 많다.

특히 미국에서는 쌍둥이를 의도적으로 다른 가정에 보내 따로 키우는 비윤리적 실험까지 실시됐다. '공유 환경'과 '비공유 환경'의 영향을 효과적으로 조사하기 위해서다. 공유 환경이란 두 사람이 자라난 동일한 환경을 말한다. 즉 똑같은 음식을 먹고 똑같은 학교에 다니고 부모에게서 동등한 대우를 받고 동등한 혜택을 받는 환경, 즉 자녀가 가정 내에서 똑같은 대우를 받는다고 느끼는 환경을 의미한다. 한편, 한 가정에서 자라더라도 각자가 별개로 처해 있는 각각의 상황을 비공유 환경이라 한다. 예를 들어 각자 좋아하는 음식과 싫어하는 음식이 있어 부모가 음식을 따로 준다거나, 서로 다른 학교에 다니게 한다거나, 각자의 특성에 맞춰 양육 방식을 다르게 하는 것을 말한다. 부모는 스포츠를 좋아하는 아이와 음악을 좋아하는 아이에게 각자 다른 것을 가르칠 수 있다. 유전학자와 심리학자들은 이런 두 가지 환경을 고려하면서 일란성과 이란성 쌍둥이를 관찰함으로써 유전과 환경의 관계를 분석했다. 가장 귀한 표본은 일란성 쌍둥이가 각자 다른 환경(공유 환경과 비공유 환경 모두 포함)에서 자라는 경우겠지만, 이는 당연히 극소수다. 그래서 실험을 위해 이런 귀중한 표본을 일부러 만드는 나라나 연구자도 있다고 한다.

유전과 환경의 관계에 대한 가장 단순한 연구 사례는 태어났을 때부터 성인이 되기까지 사람들의 몸무게를 추적해 각각의 영향력을 검증한 것이다. 안도가 그 수치를 이해하기 쉽게 제시했다. 그래프 3-1에 그 수치를 표시해놓았는데, 이 표를 보면 일란성 쌍둥이와 이란성 쌍둥이의 차이, 그리고 유전, 공유 환경 및 비공유 환경이 사람의 몸무게에 얼만큼 영향을 미쳤는지 알 수 있다.

상단 표에는 몸무게의 유사성 정도를 상관관계로 표시했고 하단 표에는 몸무게에 유전, 공유 환경, 비공유 환경이 미치는 영향을 비율로 표시했다. 이 표에서 알아낸 사실을 열거하면 다음과 같다. 출

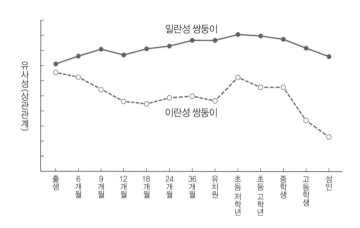

그래프 3-1 **쌍둥이의 몸무게 유사성의 시기별 변화**

일란성 쌍둥이

이란성 쌍둥이

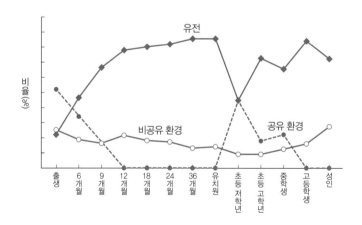

유전과 환경이 쌍둥이의 몸무게에 미치는 영향의 시기별 변화

유전

비공유 환경

공유 환경

생 당시에는 일란성과 이란성 쌍둥이의 수치 차이가 적으므로 유전의 영향이 적다고 말할 수 있다. 그러나 출생 후 일란성 쌍둥이는 유사성이 조금씩 높아지는 한편 이란성 쌍둥이는 유사성이 줄어든다. 이런 유전의 영향은 유아기가 끝날 때까지 지속된다.

출생 후 1년간은 공유 환경(출생 전 자궁 내 환경 등)의 영향이 급격히 줄어들지만 유아기가 되면 부모가 제공하는 식사와 생활환경의 영향이 커지고 유전의 영향이 줄어든다. 초등 고학년이 되면 공유 환경의 영향이 다시 줄어들고 유전의 영향이 커진다. 특히 중학생 이후에는 비공유 환경의 영향이 증가하는 경향이 나타난다. 각자에게 고유한 생활환경이 증가했다는 뜻이겠지만 그 증가폭이 그다지 크지 않다.

일란성과 이란성 쌍둥이의 인생을 다시 비교해보면, 초등학생 이후 이란성 쌍둥이의 유전적 유사성이 낮아져서 일란성과 이란성 쌍둥이의 사이의 격차가 커진다. 이란성 쌍둥이가 일란성 쌍둥이보다 유전의 영향을 덜 받는다는 사실을 여기서 확인할 수 있다. 지금까지의 이야기를 대략 요약하면 이렇다. 유전은 몸무게에 매우 큰 영향을 미친다. 그러나 환경의 효과도 무시할 수 없는데, 그중 공유 환경과 비공유 환경의 영향력이 연령에 따라 커졌다 작아졌다 한다.

지금까지 몸무게를 예로 들어 유전과 환경의 관계를 유추했다. 유전은 신체적 특징, 운동 능력, 지능, 예술적 재능, 성격 등 다양한 요소와 행동을 포괄하는 개념이지만 각각의 요소는 나중에 상세히 검토하기로 하고, 여기서는 유전과 환경의 관계에 대해 어떤 사실이 밝혀졌느냐 하는 일반적인 이야기를 해보겠다.

새로 밝혀진 사실을 심리학자 에릭 터크하이머Eric Turkheimer가 잘 정리했는데, 그의 이론이 '행동 유전학의 세 가지 법칙'으로 학계에 널리 알려져 있으므로 여기에 요약해보자.

① 사람의 다양한 측면에 유전의 영향이 나타난다. 아주 간략하게 요약하면 한 사람의 특징 및 행동의 30~50%를 유전으로 설명할 수 있다. 나중에 말하겠지만, 특징 및 행동에 따라서는 70~80%까지 설명되는 부분도 있다.

② 공유 환경의 영향은 전혀 없거나, 있다고 해도 의외로 적다. 수많은 실험과 관찰이 실시된 덕분에, 예전에는 가정환경의 영향 때문이라 생각했던 것 대부분이 사실은 유전의 영향 때문이었음이 판명됐기 때문이다.

③ 비공유 환경의 영향은 상당히 크다. 이는 환경 요인을 새로이 공유 환경과 비공유 환경으로 구분하게 됐기 때문이기도 하다. 조금 더 구체적으로 말하자면, 쌍둥이를 연구 대상으로 삼은 덕분에 비공유 환경의 영향을 명확하게 추출할 수 있게 됐다.

아무리 노력해도 메울 수 없는 차이

사람들은 타고난 지능이 평생 변하지 않을지, 아니면 환경이나 양육, 혹은 교육에 따라 지능이 향상될지에 관심이 매우 많다. 안도 (2011)의 보고서에 소개된 표가 이 질문에 하나의 유력한 힌트를 제시한다. 세계의 수많은 연구를 조사해 나름대로 평균적인 수치를 도출한 보고서인데, 그 내용을 표 3-1에 표시했다.

이 표의 인지 능력 중 학업 성적 이외의 네 항목은 지능으로 분류된다. 또 일반 지능이란 언어적 지능과 공간적 지능의 합계를 가리킨다. 이 표로 밝혀진 사실은 대략 다음과 같다.

첫째, 논리적 추론 능력(수학적 능력)은 68%가 유전으로 결정되고 31%가 비공유 환경으로 결정된다.

둘째, 반대로 언어적 지능은 불과 14%만 유전으로 결정되고 58%가 공유 환경으로 결정되며 나머지 28%가 비공유 환경으로 결정된다.

셋째, 공간적 지능은 70%가 유전으로 결정되고 29%가 비공유 환경으로 결정된다. 참고로 여기 등장한 모든 수치는 일본인을 대상으로 조사한 결과다. 이 숫자들에 약간 과장을 섞어서 내 해석을 말하자면 다음과 같다.

수학에 관한 능력은 타고난 소질의 영향을 많이 받으므로 환경이나 양육, 교육으로 향상될 가능성이 낮다. 한편 말하기나 글쓰기는 타고난 소질보다 성장 환경과 학교 교육이 중요하다.

어쩐지 사람들이 직감적으로 느끼는 바와 일치하지 않는가? 예를 들자면, 수학을 너무 잘하는 사람이 있어서 아무리 열심히 해도 따라잡을 수 없었다거나, 책을 많이 읽고 글을 많이 쓰는 사람은 왠지 모르게 국어와 외국어를 잘하는 듯한 인상을 받았다거나.

참고로 언어적 지능은 앞서 소개한 터크하이머의 두 번째 법칙의 예외라 할 수 있다.

'학력 유전율 55%'를 어떻게 받아들일까
—

특히 흥미로운 것이 학업 성적(학력으로 불러도 좋다)이다. 지능은 타고난 능력을, 학업 성적은 학교에서 교육받은 성과를 나타내므로 엄밀히 말해 둘은 완전히 별개다. 그런데도 학업 성적과 지능을 혼동할 때가 많다. 그러니 여기서는 원칙적으로 둘을 별개로 다뤘지만 어느 정도 겹치는 부분이 있어도 이해해주기 바란다. 학업 성적에는 유전이 미치는 영향이 55%, 공유 환경이 미치는 영향이 17%, 비공유 환경이 미치는 영향이 29%라고 한다.

표 3-1 다양한 심리적, 행동적 형질의 유사성과 영향의 강도

		일란성	이란성	유전	공유 환경	비공유 환경
인지 능력	학업 성적	.71	.48	.55	.17	.29
	논리적 추론 능력	.67	.28	.68	–	.31
	언어적 지능	.73	.62	.14	.58	.28
	공간적 지능	.69	.28	.70	–	.29
	일반 지능	.77	.49	.77	–	.23
성격 (Big Five)	신경증	.46	.18	.46	–	.54
	외향성	.49	.12	.46	–	.54
	개방성	.52	.25	.52	–	.48
	협조성	.38	.13	.36	–	.64
	성실성	.51	.10	.52	–	.48
성격(TCI)	자극추구	.34	.12	.34	–	.66
	위험회피	.41	.20	.41	–	.59
	사회적민감성	.41	.24	.44	–	.56
	인내력	.36	.01	.37	–	.63
	자율성	.49	.30	.49	–	.51
	연대감	.44	.30	.47	–	.53
	자기초월	.48	.22	.41	–	.59
재능	음정	.79	.46	.80	–	.20
	음악	.92	.49	.92	–	.08
	미술	.61	.05	.56	–	.44
	작문	.83	.38	.83	–	.17
	외국어	.72	.48	.50	.23	.27
	체스	.48	.20	.48	–	.52
	수학	.89	.04	.87	–	.13
	스포츠	.85	.40	.85	–	.15
	암기	.59	.24	.56	–	.44
	지식	.65	.20	.62	–	.38
사회적 태도	자존감	.30	.22	.31	–	.69
	일반적 신뢰	.36	.09	.36	–	.64
	권위주의적 전통주의	.33	.16	.33	–	.67
성 역할	남성성(남성)	.42	.09	.40	–	.60
	여성성(남성)	.24	.24	.39	–	.61
	남성성(여성)	.47	.26	.47	–	.53
	여성성(여성)	.49	.29	.46	–	.54

정신 질환, 발달 장애,	우울 경향	.36	.27	.40	–	.59
	종합 실조증*	.48	.17	.81	.11	.08
	자폐증(부모 평가, 남아)	.80	.51	.82	–	.18
	자폐증(부모 평가, 여아)	.87	.59	.87	–	.13
	자폐증(교사 평가, 남아)	.69	.44	.69	–	.31
	자폐증(교사 평가, 여아)	.67	.30	.69	–	.31
	자폐증(본인 평가, 남아)	.52	.42	.36	.18	.46
	자폐증(본인 평가, 여아)	.45	.26	.47	–	.53
	ADHD	.80	.38	.80	–	.20
	자살	.06	.02	일치율 자료만 있어서 유전, 공유 환경, 비공유 환경 비율은 산출하지 못했음		
	자살 염려	.23	.17			
	자살 기도	.38	.17			
의존증	알코올 중독	.48	.33	.54	.14	.33
	흡연(남성)	.83	.58	.58	.24	.18
	흡연(여성)	.79	.53	.54	.25	.21
	커피	.46	.23	.46	–	.54
	대마(남성)	.77	.70	.44	.31	.24
	대마(여성)	.75	.54	.44	.31	.24
		.87	.66	.61	.27	.12
사회적 행동	투표 행동	.79	.68	.28	.52	.19
	직업 만족(내발적)	.29	−.02	.23	–	.77
	직업 만족(외발적)	.09	−.01	–	–	1.00
	직업 만족(전반적)	.19	.01	.16	–	.84
	자원봉사 행동(남성)	.12	.04	–	–	1.00
	자원봉사 행동(여성)	.24	−.04	.30	–	.70
	반사회성(남성, 청년기)	.80	.52	.63	.17	.21
	반사회성(여성, 청년기)	.80	.42	.61	.22	.17
	반사회성(남성, 성인기)	.57	.26	.29	.15	.56
	반사회성(여성, 성인기)	.51	.41	.10	.35	.55
	도박	.49	.25	.49	–	.51
	시간 선호율	.63	.16	.63	–	.37
	우정 만족도	.45	.22	.32	.07	.61
	나쁜 친구	.58	.30	.47	.11	.42
	좋은 친구	.42	.32	.26	.14	.59
	첫 성 경험(여성, 아동기 성적 학대 없음)	.68	.52	.39	.30	.31
	첫 성 경험(여성, 아동기 성적 학대 있음)	.68	.52	–	.73	.27
	첫 성 경험(남성)	.60	.34	.51	.08	.41

※ 일란성과 이란성의 수치는 유사성 정도를 나타낸다. 유전, 공유 환경, 비공유 환경 란의 수치는 유사성과 유전, 공유 환경, 비공유 환경의 상대적인 비율을 나타낸다.

* 몸에 이상이 없는데도 몸을 마음대로 움직일 수 없는 상태.

다른 네 종류의 지능의 경우 언어적 지능을 제외하고는 전부 유전의 역할이 70% 전후인데, 학업 성적은 그것이 55%로 낮은 편이다. 여기에는 이런 의미가 담겨 있다고 이해해도 좋을 듯하다. 소위 머리 좋은 사람(지능이 뛰어난 사람)이 학교에서 좋은 성적(학력)을 받는 것은 분명한 사실이다. 그러나 동시에 가정과 학교의 교육도 상당한 영향을 끼치므로 교육 방식만 잘 선택하면 학업 성적을 얼마든지 올릴 수 있다. 또 교육이 불량하면 학업 성적이 나빠질 수 있다. 가정과 학교 교육에 관해서는 나중에 다시 검토하겠다.

앞의 표에 음악, 미술, 수학 등 다른 과목과 관련된 재능도 표시해놓았는데, 유전이 차지하는 역할이 큰 순서대로 총 열 개의 과목을 나열해보면 다음과 같다. ① 음악(92), ② 수학(87), ③ 스포츠(85), ④ 작문(83), ⑤ 음정(80), ⑥ 지식(62), ⑦ 미술, 암기(56), ⑨ 외국어(50), ⑩ 체스(48). 당연한 이야기지만 유전의 영향이 커질수록 환경 요인(여기서는 주로 비공유 환경)의 영향은 작아진다.

유전과 환경의 과목별 영향력 순위 역시 이미 우리가 직감적으로 느꼈던 바와 일치하는 듯하다. 음악, 수학, 스포츠, 작문, 음정 등은 유전으로 결정되는 비율이 80% 이상인데, 실제로도 많은 사람이 이런 분야에는 타고난 재능이 중요하다고 생각한다. 즉 환경과 교육의 효과에 얼마간 한계가 있는 분야다.

반대로 체스, 외국어, 미술, 암기 등은 환경과 교육, 훈련이 잘 이루어지면 숙달할 수 있다. 바꿔 말해 이런 분야는 재능이 별로 없어도 잘할 수 있다. 그러나 이 분야에서도 유전의 영향력이 약 50%에 달하므로 환경과 교육이 아무리 훌륭해도 재능이 없으면 대단히 높은 수준까지 도달하기는 어려울 것이다.

　단, 지금까지 한 이야기는 타고난 능력이 매우 뛰어난 사람이나 매우 낮은 사람에게는 해당되지 않는다. 적당히 뛰어난(또는 적당히 열등한) 사람이나 약간 뛰어난(또는 약간 열등한) 사람에게 해당되는 이야기다. 매우 드물게 뛰어난(드물게 열등한) 사람에게는 특별히 마련된 환경과 교육, 훈련이 필요하다. 예를 들어 음악, 수학, 스포츠에 뛰어난 재능을 타고난 사람에게는 특수하면서도 각별하게 뛰어난 환경 또는 교육, 훈련을 제공해야 한다. 반대로 매우 열등한(혹은 평범한 재능밖에 없는) 사람이면서 해당 분야에서 성과를 낼 필요가 없을 경우에는 특별한 준비가 필요 없다. 오히려 그런 사람들에게는 주변(가정이나 학교)이 나서서 그 외에 조금이라도 뛰어난 분야가 없는지 찾아주고 관련된 재능을 최대한 활용할 방법을 가르치는 것이 좋다.

사람의 성격은 유전과 환경만으로 결정되지 않는다

———

사람의 성격은 그야말로 복잡다단하다. 그래서 어떤 사람의 한 가지 구체적인 성격(화를 잘 내는 성격 혹은 급한 성격 등)에 유전적, 환경적 영향이 얼마나 미쳤는지 알아낸다 해도, 그 외의 무수한 구체적인 성격(우유부단하고 끙끙 앓는 성격 등)에는 전혀 다른 비율로 각각의 영향이 미쳤을 테니 이를 다 알아내기는 매우 어렵다. 즉 인간의 성격을 싸잡아 판단하기는 불가능하다.

그러나 심리학이 눈부시게 발전해 가지각색의 성격을 몇몇 공통점이 있는 소수의 성격 유형으로 통합했고, 이를 알기 쉽게 정리하는 데 성공했다. 그중 하나가 앞서 소개한 빅 파이브(성실성, 개방성, 신경증, 외향성, 협조성 등)다. 앞서 살펴본 표 3-1에 이 빅 파이브에 미치는 유전과 환경의 영향력 차이가 나와 있다. 여기에는 빅 파이브뿐만 아니라 TCI에 관한 수치도 표시되어 있다.

빅 파이브를 다시 주목해보자. 다섯 요소를 유전성이 가장 강한 성격(다시 말해 환경의 영향이 가장 적은 성격)부터 순서대로 나열하면 개방성, 성실성, 신경증, 외향성, 협조성이다. 다시 말해 환경(비공유환경)을 정비하고 양육을 개선함으로써 사람의 협조성을 높이기는 쉽지만 개방성이나 성실성 등은 높이기 어렵다는 것이다. 나머지 신경증과 외향성은 이들 양극단의 중간에 위치한다.

TCI 쪽도 살펴보자. TCI는 전부 일곱 가지 요소로 구성된다. 일곱 요소를 유전성이 가장 강한 성격(반대로 환경의 공헌이 적은 성격)부터 순서대로 나열하면 자율성, 연대감, 사회적민감성, 위험회피, 자기초월, 인내력, 자극추구다. 그러나 TCI 항목의 수치는 전부 0.5 이하다. 바꿔 말하자면 환경(비공유 환경)의 공헌이 전부 0.5 이상으로, 모든 항목에 환경이 유전보다 좀 더 큰 영향을 미친다고 할 수 있다.

이 결과는 빅 파이브의 수치와 다소 모순된다. 예를 들어 TCI에서는 연대감(협조성)에 유전이 큰 영향을 미치는 것으로 나타났지만 빅 파이브에서는 반대다. 이 역시 아마도 사람의 심리와 성격을 조사하는 것 자체가 굉장히 복잡하기 때문에 생긴 문제일 것이다. 그러나 TCI는 자극추구, 위험회피, 사회적민감성, 인내력 등 빅 파이브에 없는 항목을 포함하고 있으므로 새로운 정보를 얻고 싶을 때 유용하다.

빅 파이브와 TCI의 연구 성과를 정리하며 느낀 것이 있다. 쌍방의 연구 결과를 보면, 개별적인 성격에서는 유전 효과와 환경 효과가 미묘한 차이밖에 나지 않아서 대부분의 수치가 0.4에서 0.6 부근에 머물러 있다. 다시 말해 차이가 나봤자 평균인 0.5를 다소 웃돌거나 밑도는 정도에 불과하다. 이를 대략적으로 해석하자면, 유전과 환경 요인이 성격에 각각 절반씩의 영향력을 미친다고 할 수 있다. 즉 유전과 환경 둘 중 하나가 나머지 하나를 압도하는 성격 요인은 존재하지 않는 셈이다. 매우 세세하게 나눈 성격이라면 몰라도, 일반적인 성격에는 유전과 환경의 역할이 각각 절반에 가깝다. 이처럼 유전이나 환경 중 한 가지만으로 결정되는 성격은 없으니, 이 사실을 염두에 두고 자녀의 양육과 교육 방식을 검토할 필요가 있다. 또한, 유전의 영향이 언제나 존재하므로 성격을 100% 바꾸기는 불가능하다고 생각하는 것이 좋다. 자신의 성격적 특징을 충분히 고려하고, 자신이 가진 뛰어난 유전 정보를 자녀에게 잘 계승하기 위해 노력하는 것이 중요하다. 그런 한편, 자녀에게 되도록 좋은 환경을 제공하고 효과적인 훈육과 교육을 실시해 부모의 열등한 점이 유전되지 않거나 개선되도록 힘 써야 한다. 그러나 역시 100%의 효과를 바라기보다는 단점을 조금씩 개선시키는 것을 목표로 해야 한다.

2 육아, 교육, 그리고 학교 격차

태어나기 전부터 존재하는 격차

——

사람 혹은 동물이 탄생하려면 정자와 난자의 수정란이 여성 혹은 암컷의 자궁 내에서 세포 분열을 거듭해 태아로 성장한 뒤 세상 밖으로 나와야 한다.

아기를 어느 단계(수정란, 태아, 출산)부터 생명으로 간주하느냐에 관해 생물학, 종교학, 윤리학계가 논쟁을 벌이고 있지만 여기서 이 문제를 다루지는 않겠다. 그보다, 출산 전 태아기의 환경이 태어난 후의 삶에도 영향을 미칠 정도로 매우 중요하다는 이야기를 하려 한다.

리들리에 따르면, 영국 의사 데이비드 바커David Barker가 일찍부터 태아의 환경에 주목하여 연구를 지속했다고 한다. 그는 1911년부터 1930년 사이에 태어난 약 5,600명의 사인死因을 조사한 결과, 만 1세 이전에 몸무게가 가벼웠던 사람은 허혈성 심장병으로 사망할 확률이 그렇지 않은 사람보다 약 세 배나 높다는 사실을 알아냈다. 그리고 1934년부터 1944년 사이에 태어난 핀란드인을 조사한 결과, 역시나 만 1세 이전에 몸무게가 가벼웠던 사람이 심장동맥성 심장병으로 사망할 확률이 높다는 사실을 알아냈다. 출생 때의 몸무게는 태아일 때 흡수한 영양분의 양에 좌우되므로, 임신 중 어머니의 영양 섭취 상태를 대변한다. 그러고 보면 일본에서도 태평양 전쟁 중이나 직후에는 키가 작고 몸무게가 가벼운 병약한 아이가 많이 태어났다. 그 세대에 미숙아가 많고 유아 사망률이 높았다는 보고도 있다. 식품 부족으로 어머니의 영양이 부족했던 탓이다.

요즘은 임신 중인 여성에게 흡연과 음주를 금할 것을 권고한다. 담배가 태아나 신생아에게 신경 발달 장애를 일으키며 알코올은 기형아나 발달 장애를 일으킨다는 사실이 의학적으로 증명됐기 때문이다. 이것이야말로 임신 중인 어머니의 영양 상태나 흡연, 음주 여부가 태어날 아기에게 얼마나 큰 영향을 미치는지를 보여주는 증거다. 아이의 성장은 이처럼 태어나기 전 태아 단계부터 시작되며, 여기에는 어머니가 처한 환경이 가장 큰 영향을 미친다.

3세 신화와 현모양처론

나는 유아 교육을 논할 때마다 '3세 신화'라는 말이 먼저 떠오른다. 이는 탄생 후 3세까지 받은 양육이 이후의 성장에 결정적인 영향을 미친다는 뜻이다. 이 '3세 신화'를 믿으며 적어도 3세까지는 부모가 아기를 직접 돌봐야 한다고 주장하는 사람이 많았다.

그런데 사실 '부모'의 역할보다는 '어머니'의 역할이 강조됐다. 모성 본능을 중시하는 사고방식은 18세기 프랑스 사상가 장 자크 루소 Jean Jacques Rousseau에서 시작했다. 루소가 자신의 저서 《에밀Emile》(1762) 에서 어머니의 교육이 아이의 성장에 얼마나 크게 공헌하는지를 강조했기 때문이다. 그 외에도 많은 사람이 동물도 수컷보다 암컷이 육아에 헌신적이라든지, 새끼가 아버지보다 어머니를 따른다는 이야기를 하면서 3세 신화를 지지했다. 학계에서도 발달심리학자 등이 유아의 정서 발달을 위해 어머니가 아이를 정성껏 돌보는 것이 가장 중요하다고 주장했다. 그래서 불행히도, 아기의 교육을 위해 어머니가 바깥일을 하지 말고 집에서 육아에 전념해야 한다고 주장하는 사람들도 많았다.

사실 이 현상은 메이지 시대부터 일본을 지배했던 '현모양처론' 의 연장선상에서 이해할 수 있다. 그러나 시대가 바뀌었다. 자유민

주주의적 남녀평등 사상이 정착되고 페미니즘이 대두되자, '여성은 바깥일을 하지 말고 육아에 전념해야 한다'는 사고방식에 반발하는 목소리가 높아졌다. '현모양처론'은 메이지 민법의 가부장제에 기초한 사상으로, 여성은 가정에서 좋은 아내로 남편을 섬기고 좋은 어머니 혹은 현명한 어머니로서 육아에 임해야 한다는 생각이다. 다시 말해 현모양처론은 어머니가 아이의 교육에 힘쓸 '권리'를 갖는다는 의미가 아니라 아이가 태어나서부터 성인이 될 때까지 아이의 성장에 전념해야 할 '의무'가 있다는 의미다.

현재의 '교육'이란 일반적으로는 아이가 열심히 공부에 힘쓰고 되도록 높은 수준의 학교(중학교에서 고등학교로, 혹은 고등학교에서 대학으로) 혹은 명문 학교에 진학할 수 있도록 아이의 교육을 지원한다는 뜻이다. 그러나 '현모양처론'의 현명한 어머니는 이런 의미의 교육이 아니라, 도덕 교육 등을 통해 아이의 심신을 건전하게 성장시켜 자립한 성인으로 키워내는 의미의 교육을 담당해야 했다.

사실 근대와 현대 초기의 어머니는 아이에게 공부를 가르치거나 간접적으로라도 아이가 높은 학력을 갖추도록 돕는 역할을 거의 수행하지 못했다. 그 시대의 여성은 대개 중등교육조차 제대로 받지 못해 애초에 아이에게 공부를 가르칠 만한 학력이 없었기 때문이다. 따라서 당시 어머니의 자녀 교육을 언급할 때는 학교 공부 또는 면학보다 예절 교육 등 훈육에 주로 초점이 맞춰졌다. 게다가 당시에는 어머니가 현실적으로 현모양처 역할을 수행할 수 있는 가정이 그다지 많지 않았다. 왜냐하면 일본인의 정신적 기반을 형성하는 데 큰 역할을 한 유교는 상류층인 무사 계급에서 가장 강력한 효력을 발휘하고 있었기 때문이다(본래 유교는 에도 시대 상류층의 사상이었고 가부장제 역시 처음부터 무사 계급을 중심으로 채용된 사회 구조였다). 서민 계급인 농민, 상민, 수공업자의 아내에게는 현모양처가 될 만한 경제적, 심리적 여유가 없었다. 농업, 상업, 공업으로 생계를 유지하려면 남편뿐만 아니라 아내도 일해야 했으므로 아내가 전업주부로 살아도 되는 무사 계급의 아내처럼 현모양처의 역할을 수행할 수 없었던 것이다. 그러나 현대 이후 서민층에서도 아내가 현모양처로 살 수 있는 가정이 조금씩 등장하기 시작했다. 그 이유는 두 가지다.

먼저, 메이지 유신 이래 부국강병, 자본주의를 육성하고 국가의 근대화를 추진한 식산흥업殖産興業 정책이 성공을 거둬 도시를 중심으로 중류층이 증가했기 때문이다. 도시에는 회사 사무직, 공무원, 교원 등이 많아졌는데, 이처럼 비교적 교육을 많이 받고 나름대로 봉급도 많이 받는 사람들의 가정을 중심으로 전업주부가 생겨나기 시작했다. 누군가 전업주부가 됐다는 것은 현모양처로 살 만한 여유가 생겼다는 뜻이다.

둘째, 1897년에 여성의 교육 수준을 높이기 위해 여자고등학교가 창설됐기 때문이다. 남자의 중등 및 고등교육은 산업 진흥을 위해 이미 어느 정도 발전되어 있었지만, 정부가 이 즈음부터 여성의 중등교육의 가치도 인정하기 시작했다. 단 그것은 여성을 훌륭한 노동력으로 양성하기 위해서라기보다, 여성의 교육 수준을 높여 건전한 아내 또는 어머니를 양성하기 위한 조치에 가까웠다. 사회학자 무타 가즈에牟田和惠가 지적한 대로, 당시 여자고등학교의 사명은 현모양처가 될 여성들을 길러내는 것이었다. 이처럼 현모양처론에 기초한 여성 교육 정책이 여성을 아내와 어머니의 역할에 옭아맸다.

그래도 현모양처론은 두 가지 공헌을 했다. 밖에서 일하거나 병역에 종사하는 남성을 지원할 여성들을 육성함으로써 부국강병과 식산흥업을 꾀하는 일에 국가와 가족이 하나가 됐다. 또한, 여성을 집에 가두는 결과를 낳긴 했지만, 여성들이 수준 높은 교육을 받음으로써 사회의식을 높일 수 있었다. 이 덕분에 현대 이후 페미니즘이 대두됐고 여성들의 자립심도 강해졌다.

어머니가 아이의 교육을 도맡게 된 이유

앞서 말했던 것처럼 현모양처론과 성별 역할을 분담해야 한다는 의식이 강해지다 보니 가사는 전적으로 아내의 일이 됐다. 게다가 사회학자 도로시 E. 스미스Dorothy E. Smith가 강조했듯 학교 교육 역시 어머니에게 많은 부담을 강요하는 방식으로 이뤄졌다.

알다시피 학생은 정시에 단정한 차림으로 학용품, 교과서, 때로는 도시락을 들고 학교에 등교해야 한다. 그리고 이 제도에 잘 대처하려면 가정에서 누군가가 아이를 보살펴야 하는데, 보통은 어머니가 그 역할을 담당한다. 게다가 입시 경쟁이 격심해지면서 아이에게 과외를 시키거나 학원에 보내 추가적인 교육을 받게 하고 거기에 따르는 모든 보살핌을 수행하는 역할도 어머니에게 맡겨졌다. 지금도 수많은 어머니가 아이를 학원에 보내거나 마중하는 일을 도맡고 있다.

1950년대 후반부터 1960년대에 걸쳐 일본에서 '교육맘'이라는 말이 크게 유행했다. 아이를 중학교에서 고등학교로, 고등학교에서 대학교로 진학시키는 일, 그것도 되도록 명문인 학교에 진학시키는 일에 열정적으로 헌신하는 어머니를 일컫는 말이다. 그러나 당시에는 지금처럼 과외나 학원이 활성화되어 있지 않았으므로, 어머니들이 자녀의 학력을 향상시키기 위해 아이를 직접 가르치거나 남편에게 공부를 봐주도록 했다. 또는 귀에 못이 박힐 정도로 '공부하라'고 자녀를 재촉하기도 했다. 혼다 유키本田由紀는 이런 현상을 '총교육 맘화'라고 불렀다.

어머니가 아이의 학력 향상에 미치는 영향

—

1980년대부터 1990년대에 걸쳐 일본은 빈부 차이가 큰 격차 사회로 변했다. 그와 함께 교육 격차도 현저해졌다. 자녀에게 수준 높은 교육을 시킬 수 있는 가정과 그럴 수 없는 가정으로 사회가 양분화된 것이다.

사회학자 간바라 후미코神原文子가 이 교육 격차 현상을 적확하게 분석해놓았으므로 여기에 그 내용을 인용하겠다. 간바라는 교육에 관련된 가정환경을 네 종류로 분류함으로써 계층화 현상을 분석했다.

① 전형적인 교육을 하는 가정: 고학력이고 고소득인 아버지, 고학력이고 전업주부인 어머니로 이루어진 가정. 성별 역할 분담 의식이 강하고 자

녀 교육에 적극적이다. 자녀의 교육에 금전적인 투자와 공부 이외의 지원이 가능하다. 그 결과 아이의 교육 성취도도 높다.

② **포스트모던(탈근대) 교육을 하는 가정:** 부부 모두 고학력, 전문직. 부부 간 평등한 역할 분담과 협력을 실천하며 아이의 교육에 어느 정도 적극적으로 투자한다. 그 결과 아이의 교육 성취도도 높다.

③ **성별 역할 분담 교육을 하는 가정:** 부부 모두 평균적인 학벌의 소유자로, 아내는 시간제로 일하는 경우가 많다. 자녀 교육에 다소 적극적으로 투자하나 교육 지원 여력은 제한적이다. '아들은 대학까지, 딸은 전문대까지'라는 성적 차별이 존재한다.

④ **교육 의사가 있는 가정:** 저학력, 저소득 부부로 아이에게 교육을 시키려는 의사는 있지만 가계 소득이 낮아서 충분한 교육을 시키지 못하는 가정.

이 분류는 자녀 교육을 '교육 투자'와 '교육 지원'으로 구분한 것이 특징이다. 전자는 학교 교육 및 학원이나 과외 등 학교 외 교육에 대한 투자를 나타내며, 후자는 자녀의 공부 이외의 인격적 능력(예절, 소통, 체력, 의지력 등)에 관한 지원을 나타낸다. 나중에 말하겠지만, 현대 사회에서는 이런 소양을 흔히 '비인지 능력'으로 칭한다.

간바라는 또한 '어머니의 역할을 어떻게 평가해야 하느냐', '어머니가 일할 때와 일하지 않을 때 자녀의 교육 성취가 어떻게 달라지느냐'를 분석할 필요가 있다고 역설했다. 이 의문에 답한 사람이 사회학자 우즈키 유카卯月由佳다. 그에 따르면, 어머니의 개입으로 자녀의 학력을 향상시킬 수 있는 시기는 기껏해야 초등학교와 중학교 저학년까지라고 한다.

나 역시 동료 경제학자 기무라 마사코木村匡子와 함께 쓴《가족의 경제학家族の経済学》라는 책에서 어머니의 근로 여부가 자녀의 학업에 미치는 영향을 분석했는데, 그 결론은 이렇다. 어머니가 밖에서 일하면 아이와 함께 있는 시간이 적어져서 아이가 학력을 향상시키기 어렵다고 생각하기 쉽다. 그러나 조사 결과, 어머니의 근로 여부는 자녀의 학력에 별 영향을 미치지 않으며, 오히려 어머니의 교육 수준이 큰 영향을 미치는 것으로 나타났다.

충실한 유아 교육이 윤택한 인생을 만든다

최근 들어 충실한 유아 교육이 비인지 능력을 향상시킨다는 이야기에 관심이 쏠리고 있다. 앞서 언급했듯, 비인지 능력이란 사람의 성격이나 정신, 의욕과 관련된 능력을 의미한다. 구체적으로 말해 비인지 능력은 인내력, 자제심, 협조성, 지도력, 계획성, 향상심, 의욕 등을 모두 포괄한다.

이 비인지 능력은 지적 능력(예를 들어 IQ), 학력, 학벌 등 인지 능력을 높이는 데 도움이 될 뿐만 아니라 직업상 업무 수행과 근로 성과 향상, 나아가서는 소득 향상에까지 영향을 미친다.

그러면 구체적으로 어떤 능력이 비인지 능력인지, 경제학자 나카무로 마키코中室牧子의 연구를 참고해 만든 표 3-2를 보며 생각해보자. 이 표는 사람의 성격이나 특질을 나타낸다. 여기 표시된 특질이 뛰어나면 다양한 분야에서 좋은 성과를 낼 수 있다. 그러나 현실적으로 이 모든 특질이 뛰어난 사람은 존재하지 않으므로 개인별로 어떤 면이 뛰어나고 어떤 면이 그렇지 못한지를 측정할 필요가 있다. 그래서 심리학자들이 그 측정 방법을 대대적으로 연구하고 있다. 그중에서도 비인지 능력이 유아 단계에서 얼마나 중요한가를 적극적으로 주장한 사람이 노벨 경제학상을 수상한 제임스 J. 헤크먼James. J. Heckman인데, 나카무로가 그의 연구를 잘 설명했다.

헤크먼은 유아 교육을 충실히 하면 유아의 비인지 능력이 높아져서 장래 학력과 학벌 및 직업인으로서의 능력이 향상되므로 높은 소득을 올릴 수 있다고 말했다. 헤크먼과 앨런 크루거Alan Krueger는 고등 교육에 투자하는 수익보다 취학 전 교육에 투자하는 수익이 크다는 사실을 계산으로 입증하기도 했다. 그래프 3-2는 교육 투자(경제학에서는 '인적 자본 투자')로 얻을 수 있는 금전적 수익률을 보여주는데, 여기에도 연령이 어릴수록 수익률이 높다고 나와 있다. 실제로 미국의 유명한 '페리 프리스쿨 프로젝트Perry Preschool Project'가 실시된 뒤 3~4세에 대한 교육 투자의 사회 수익률이 7~10%로 향상됐다는 보고가 있다.

페리 프리스쿨 프로그램이란 아프리카계 빈곤 가정의 3~4세 유아 58명을 무작위로 선택해 매일 오전에 독서와 노래 부르기를 가르치고 일주일에 한 번씩 가정 방문을 하는 미국의 교육 복지 정책을 말한다. 연구자들은 이 프로그램에 참가한 아동의 생활상, 그리고 비슷한 환경에 처해 있지만 프로그램에 참가하지 않은 65명의 아동의 생활상을 무려 40년 동안 추적하며 비교, 분석했다. 그 결과, 프로그램에 참가한 아이가 그렇지 않은 아이보다 윤택하게 산다는 사실이 밝혀졌다(IQ, 학벌, 직업, 소득, 생활보호 대상자율, 범죄율 등을 조사했다). 이 연구는 40년이라는 긴 시간에 걸쳐 끈질기게 관찰하고 분석해 내린 결론이므로 매우 큰 가치가 있다. 다른 나라에서도 이런 연구가 더욱 많이 이루어질 것을 기대한다.

표 3-2 비인지 능력이란 무엇인가

학술적 명칭	일반적 명칭
자기 인식Self-Perceptions	자신감, 위기를 극복하는 능력
의욕Motivation	의욕
인내력Perseverance	끈질김, 끈기 있음, 잘 참음
자제심Self-Control	강한 의지력, 강한 정신력, 자제력
상위인지 전략Metacognitive Strategies	이해력, 자기 상황을 파악하는 능력
사회적 적성Social Competencies	리더십, 사회성
회복력과 대처 능력Resilience and Coping	좌절을 극복하는 능력, 상황 대응력
창조성Creativity	창의력, 창조성
성격적 특성Big 5	신경증, 외향성, 개방성, 협조성, 성실성

그래프 3-2 인적 자본 투자의 수익률(개념도)

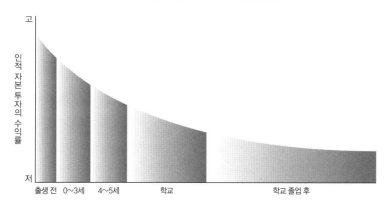

※ 세로축은 인적 자본 투자의 수익률을, 가로축은 아이의 연령을 나타낸다.
※ 출생 전의 인적 자본 투자란 어머니의 건강이나 영양 등과 관련된 지출을 가리킨다.

행복한 인생을 보장할 수는 없지만…

헤크먼은 그의 논문에서 페리 프리스쿨 프로그램을 근거로 들며 유아 교육의 중요성을 역설했다. 이 논문에 대한 다른 연구자들의 평가 중에 생각해볼 만한 의견이 있어서 그중 몇 가지를 소개하려 한다. 내가 쓴 책《아이 격차의 경제학子供格差の経済学》(2017)에도 같은 내용이 나와 있다.

① 페리 프리스쿨 프로그램은 표본 수가 적어서 일반화할 수 없다. 이 프로그램의 정신을 이어받은 복지 정책이 앞서 언급했던 '헤드스타트 프로그램'이다. 미국 정부는 이 프로그램을 적극적으로 시행해 불우한 가정에서 태어난 취학 전 아동 100만 명 이상을 무상으로 교육시켰다. 그러나 조사 결과에 따르면, 아이들의 학력이 향상된 시기는 초등학교 1학년 1년간에 불과하며 그 이후로는 효과가 거의 나타나지 않았다고 한다(찰스 머레이, 데이비드 데밍David Deming, 리락 알마고르Lelac Almagor의 연구 결과). 헤드스타트 프로그램은 1960년대부터 시행된 복지 정책으로, 저소득층의 3~4세 유아가 이 프로그램을 통해 무상으로 알파벳과 수학 등을 배울 수 있었다. 미국은 이 정책하에 2005년도에만 연간 6800억 달러(약 761조 원)를 들여 900만 명의 아동을 교육했다. 기회 평등의 원칙을 중시하는 나라답게 저소득층 아동에게도 평등한 교육 기회를 제공하려

한 것이다. 이 프로그램의 성과에 대한 논문이 무려 600개나 되는데, 안타깝게도 대부분이 그 프로그램이 별 성과가 없었다고 지적한다.

② 헤크먼은 유아 교육에 대한 어머니의 역할을 중시했지만, 제리 웨스트Jerry West는 자신의 논문에서 '아버지의 역할을 무시해서는 안 된다'고 역설했다. 나도 그의 의견에 동의하는데, 여기에 대해서는 나중에 더 자세히 이야기하기로 하자.

③ 아네트 라로Annette Lareau, 애덤 스위프트Adam Swift와 해리 브릭하우스Harry Brighouse는 논쟁의 여지가 있는 의견을 제시했다. 헤크먼은 취학 전 교육의 중요성을 지적했으나 이는 중상층의 관점에서 이루어진 판단에 불과하다는 것이다. 이들의 지적은 교육을 많이 받고 돈을 많이 버는 것만이 인생에서 중요한가, 그것이 행복한 인생을 사는 길인가, 하는 철학적·윤리학적 의문과도 일맥상통한다. 이들은 부를 쌓고 성공한 사람은 교만해지기 쉽고 자신의 권익을 지키는 데만 집착해 타인을 배제하려 들기 쉽다는 점을 염려한 듯하다. 다시 말해 백인 중상류층의 발상을 모두가 따를 필요는 없다는 것이다.

많은 연구자의 지적대로 성과가 거의 없었다면 헤드스타트 프로그램을 무조건 지지할 수는 없다. 다만 나는 인생의 출발점부터 불리한 조건을 타고난 사람들에게 수준 높은 교육을 베풀어 고소득 직종에 종사할 기회를 주려는 시도에는 적극 찬성한다. 그러나 조기 교육이 행복한 인생을 보장하지는 못한다. 오히려 돈을 많이 벌지 못해도 가족이 화목하고 즐겁게 지내는 것이 더 중요할지 모른다. '학업 성적과 수입이 중요한 것은 사실이지만 그것이 인생의 전부는 아니다'라는 라로의 의견이 나의 생각을 대변한다.

지금까지 미국의 유아 교육을 살펴봤는데, 그렇다면 일본은 어떨까? 일본에서는 나카무로 등이 등장한 후에야 가까스로 유아 교육과 비인지 능력의 중요성이 인식되기 시작했다. 일본에서는 정부가 유아 교육에 매우 적은 금액만을 지출한다. 대부분의 부담은 부모에게 지워질 수밖에 없는 상황이다. 그야말로 시급히 해결해야 할 정책 과제가 아닐 수 없다.

학교 교육이 높인 학력

———

미국에서는 20세기 초엽까지 대학생이나 우수한 고등학생만 기하학을 배웠으나 20세기 중엽에는 고등학교 1학년부터 기하학을 배웠다. 현대에는 중학교 후반부터 고등학교 전반에 걸쳐 기하학을 배운다. 심지어 초등학교에서도 초급 기하학을 배우고 있다.

이처럼 시대가 진행될수록 학교에서 배우는 학문의 수준이 높아지고 있다. 다시 말해 학교 교육 방식이 시대가 갈수록 발전해 학생의 학력 수준을 높인 셈이다. 학교 교육이 학생들의 학력을 높인 것은 기하학뿐만 아니라 미적분의 예에서도 알 수 있다. 대략 120년 전(1900년경) 미국에서는 일부 우수한 대학의 4학년쯤 되어야 미적분을 배울 수 있었다. 참고로 당시 미국의 대학 진학률은 10%도 되지 않았다(1920년경까지도 고등학교 진학률이 20% 수준에 불과했다). 그러나 20세기 중반이 되자 대부분의 대학과 우수한 고등학교에서 미적분을 가르치기 시작했다. 지금 일본과 한국에서는 고등학교 2학년 때 미적분을 가르치고, 일부 우수한 학생은 중학교 때부터 미적분을 배우기도 한다.

학교 교육이 학생 혹은 국민의 학력을 높였음을 증명하는 데이터는 이 외에도 많다. 대표적인 것이 일본의 문맹률 하락이다. 에도 시대부터 서당 교육이 상당히 보급된 덕분에 근세에는 서민의 40~50%가 글을 읽을 수 있게 됐고, 현대에는 초등 교육이 의무화되어 국민의 90% 이상이 글을 읽을 수 있게 됐다. 취학률이 높아짐에 따른 학교 교육의 효과가 국민의 학력을 높이는 데 확실히 공헌한 것이다.

'유토리 교육'은 어떤 변화를 가져왔는가

21세기 이전 일본 학생의 학력은 전 세계 최상위 수준이었다. 그러나 21세기 이후 일본 학생의 학력이 저하되고 있다. 그 원인을 1976년부터 도입되어 2007년까지 시행됐던 소위 '유토리餘裕 교육'에서 찾는 사람이 많다. 유토리 교육이란 혹독한 입시 전쟁 때문에 학생들이 학교생활 대부분을 입시 공부에 매달려야 하는 폐해를 없애기 위해 알차고 수준 높으면서도 여유 있는 교육을 지향했던 교육 제도를 말한다. 구체적으로는 학교 수업 시간을 줄이거나 교과서 분량을 줄이거나 학문 외의 종합 학습을 도입하는 등 학습 강도를 완화하는 조치가 시행됐다. 이 교육 때문에 학생들의 학력이 저하됐다는 것이다. 우선 최근 일본 학생들의 학력이 어느 수준인지 알아두자. 그래프 3-3은 2000년부터 2012년까지 PISA Programme for International Student Assessment (경제협력개발기구OECD의 국제학업성취도평가)에서 일본 중학교 3학년이 얻은 평균 득점을 정리한 것이다(2015년 결과도 알려져 있지만 과거와 시험 방법이 달라져서 도표에는 표시하지 않았다). 이 도표는 독해, 수학, 과학의 세 과목으로 이루어져 있다. 순위는 OECD 가입국 순위, 괄호 안은 전 참가국 순위다. 이 도표에서 가장 인상적인 것은 2000년부터 2006년에 걸쳐 수학과 독해 점수가 하락했다

그래프 3-3 일본의 중학교 3학년의 학력

평균 득점 및 순위 추이

※순위는 OECD 가맹국 중 순위(괄호 안은 전 참가국, 전 지역 내의 순위)
※수학, 과학은 연도별로 비교 가능한 시점 이후의 결과만 게재했음

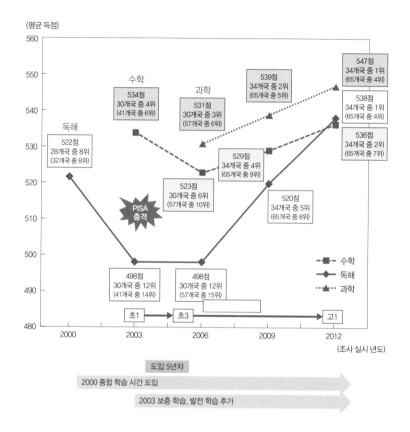

※각 과목이 핵심을 차지했던 대회(독해는 2000년, 수학은 2003년, 과학은 2006년)의 OECD 평균 500점을 기준치로 삼아 환산한 점수.

는 점이다. 유토리 교육 시기에 학생의 학력이 저하된 것이 분명하다. 한편 과학 과목은 2006년부터 도입됐으므로 비교할 수 없다. 학력 저하가 국가적 문제로 대두되자 유토리 교육의 개선책이 다시 시행됐다. 그 교육이 성공을 거두었는지, 도표의 2006년 부근부터 학력이 향상되어 결국 세계 최고 수준을 회복한 것을 알 수 있다.

교육학자 시미즈 고키치志水宏吉, 이사 나쓰미伊佐夏実, 지넨 아유미知念涉, 시바노 준이치芝野淳一가 또 하나의 중요한 연구를 실시했다. 1988년, 2001년, 2013년 세 번에 걸쳐 같은 학교 같은 학년의 학생들에게 동일한 문제를 풀게 한 다음 그 결과를 가지고 통계를 낸 것이다. 같은 학교 같은 학년을 조사했으므로 응답자의 수준이 거의 비슷하다는 것이 이 연구의 특징이다. 따라서 세 번에 걸친 학력 조사 결과를 서로 비교 분석하는 작업에는 큰 의미가 있다(표3-3 참조).

표 3-3 득점 변화

(단위: 점)

	초등학교		중학교	
	국어	산수	국어	산수
	평균(표준 편차)	평균(표준 편차)	평균(표준 편차)	평균(표준 편차)
1989년	75.6(16.4)	79.0(18.5)	69.4(20.3)	68.8(21.5)
2001년	70.3(18.7)	66.6(21.3)	63.8(21.3)	62.6(25.3)
2013년	73.9(15.5)	73.6(19.0)	67.1(19.0)	61.8(22.9)

결과적으로, 초등학생, 중학생 모두 1989년부터 2001년에 걸쳐 국어와 산수(수학) 학력이 저하됐다가 2013년부터 다시 높아졌다 (중학교 수학 제외). 단, 학력이 다시 회복됐다고는 하지만 1989년 수준까지는 아직 돌아가지 못했다.

이 연구의 결과와 PISA 결과가 유토리 교육에 의한 학력 저하, 그리고 그 개선책을 통한 학력 회복의 추이를 동시에 보여주고 있으므로 최근 일본 학생의 학력 동향을 비교적 적확히 파악할 수 있다. 그렇다면 과연 학력은 무엇에 좌우될까? 머릿속에 떠오르는 요인을 열거하면 다음과 같다.

① 학생의 지능
② 학생의 학습량, 즉 노력
③ 학교 교육의 질 / 한 학급당 학생 수 및 교사의 질 / 동급생의 면학 태도
④ 부모의 교육 의지
⑤ 학원, 과외 등 학교 외 교육
⑥ 입시 경쟁 상황
⑦ 공공 부문의 교육비 지출

앞에서 ①에 관해 이야기했으므로 이번에는 이 다양한 요인 중 ③을 집중적으로 살펴보려고 한다. ③ 중에서도 한 학급당 학생 수

가 학력에 미치는 영향을 추정해볼 것이다.

학생 수가 적으면 학력이 향상된다고 생각하는 사람이 많다. 이에 관련해 교육학 전공자의 연구 보고서가 몇 개 나와 있다. 참고로 미국 교육학자들도 이에 관해 조사를 많이 했는데, 야마시타 준山下絢의 요약에 따르면 그들은 대체로 '학급 규모를 줄이면 학력이 조금 향상되는 효과가 있는 것은 사실'이라고 결론지었다.

스기에 슈지杉江修治에 따르면, 1990년대 전반까지의 연구에서는 학급이 20~30명 규모일 때 학생의 학력이 향상됐으므로 그 정도 규모가 최적으로 여겨졌다. 당시 학급 규모가 40명 이상이었던 것을 고려하면 학급 규모를 축소해야 한다는 주장으로 이해할 수 있다.

그러나 2000년 이후의 연구에도 주목할 필요가 있다. 국립교육정책연구소나 히로시마대학교 연구에서는 학급 규모 축소가 학생의 학력에 특별히 영향을 미치지 않는다고 밝혔다. 단, 히로시마대학교의 자료는 '교실 면적을 줄이면 교사의 지도가 원활해지는 효과가 있다'는 것은 인정했다. 지바千葉 현의 데이터를 활용한 연구 역시 흥미로워 보인다. 이 연구에 따르면 특히 저소득층이 많은 지역에서 학급 규모 축소가 학력 향상에 효과적인 듯하다. 학원에 가지 않는 학생들의 학력이 공통적으로 향상된 것이 그 증거다. 가정의 소득 수준, 즉 학원에 다닐 수 있느냐 없느냐가 학생의 학력에 일정한 영향을 끼친다는 뜻이다. 초등학교, 중학교 등 의무 교육의 가장 큰 목표는 학생들의 평균적인 학력을 향상시키고, 저학력 학생의 성적을 향상(즉 낙오자를 내지 않는 것)시키는 것이다. 따라서 저소득층이 많은 지역에서 자란 학생, 학원에 다닐 수 없는 학생이 많은 학교는 의무 교육의 목표를 달성하기 위해 학급 규모를 축소하는 것이 효과적인 방법일 수 있다. 저소득 가정에서 자라거나 학원을 다닐 형편이 못 되는 학생이 많은 학교는 학력이 저조한 것을 항상 고민한다. 그럴 경우 특별반을 만드는 등, 규모를 줄인 소수 학급을 운영해 도움이 필요한 학생들이 성적을 올리도록 하면 어떨까?

학교 격차에 대한 생각

지금까지 초등학교와 중학교의 의무 교육에 관해 이야기했다. 그런데 현재 일본은 고등학교 진학률이 95%를 넘었고, 대학 진학률도 50%를 넘었다. 그러니 고등교육 기관까지 살펴보면 좋겠지만 학교 격차가 워낙 큰 데다 의무 교육이 아니어서 특수한 교육을 실시하는 학교가 꽤 있으므로 제대로 분석하려면 책 한 권을 다 할애해야 할 듯하다. 따라서 여기서는 일본 고등교육의 특징적인 면만

몇 가지 다루려 한다.

　고등교육에서는 공립학교뿐만 아니라 사립학교가 중요한 역할을 한다. 고등학교의 경우 공립과 사립의 학생 수 비율이 7대 3, 대학은 반대로 3대 7 비율로 사립대학의 학생 수가 압도적으로 많다. 학비를 비교하면 고등학교는 사립(1년간 대략 930만 원)이 공립(1년간 390만 원)의 두 배가 넘는다.* 참고로 지금 공립 고등학교 교육 무상화가 추진되고 있어서 학비 부담이 계속 줄어드는 추세다. 심지어 오사카에서는 사립 고등학교 교육의 무상화를 추진하고 있다.

　대학은 학부마다 학비가 꽤 다른데, 문과계를 예로 들면 사립(1년간 대략 1000만 원)이 공립(1년간 530만 원)의 대략 두 배다.** 학교 교육의 질에 관해서도 한마디 해두자. 고등학교든 대학교든 학교의 질, 즉 학생의 학력 수준 및 졸업생의 진로 격차는 사립학교 쪽이 공립학교보다 크다. 하지만 사립학교 중에도 명문고, 명문대가 상당히 많다. 어쨌든 국가가 중고등교육의 대부분을 사립학교에 의존하고 있으므로 국가 교육비 지출은 매우 적다. 이처럼 교육비 부담을 가정에 강요하는 것이 일본의 현실이다.

---

*　우리나라의 공립 고등학교 학비는 1년에 120만~200만 원 수준. 사립 고등학교의 연간 학비는 천차만별이어서 200만 원대부터 2000만 원대까지 다양하다.
**　우리나라 대학의 연간 학비는 국립대학이 200~500만 원대, 사립대학이 500~1000만 원대로 다양하다.

게다가 일본에는 중고등학교 6년을 한곳에서 교육하는 중고일관교中高一貫校*가 많다. 대학의 경우에도 '학벌 사회'라는 말처럼 명문대 졸업장이 이후의 직업 생활에 유리하게 작용한다. 그러나 이제는 사회에 능력, 실적주의가 침투하고 있어서 학벌주의가 서서히 사라지고 있다.

또한, 고등학교에서는 국어, 수학, 영어, 과학, 사회 등 보통 과목에 압도적으로 많은 시간이 할애되는 것이 문제가 되고 있다. 현대 초기까지만 해도 고교 졸업 후 바로 직무를 수행할 수 있도록 공작, 상업, 농업, 정보 등을 가르치는 직업 고등학교가 많았지만 이후 급격히 감소하여 고등학교에서 사회인으로의 이행이 잘 이루어지지 않고 있다.

무엇보다 50%를 넘는 대학 진학률이 대학 교육의 최대 고민거리다. 이 때문에 학력이 뛰어난 학생들뿐만 아니라 학력이 보통이거나 낮은 학생까지 대학에 대거 입학하므로 대학 교육의 수준이 떨어지거나 대학 입학 후에도 보충 학습을 해야 하는 경우가 늘었다. 원래 대학이란 사회 상층부에서 지적인 관리 업무를 다룰 사람을 육성하기 위한 곳이다. 그러나 대학 교육이 이렇게나 대중화된 상

---

* 통칭 '일관제'라고도 불리며 일본에서 흔히 찾아볼 수 있다.

황에서 어떤 대안이 있을지, 아직 뚜렷한 방침이 없다.

이 외에 스포츠나 예술을 주로 가르치는 학교가 존재하는 것이 일본 고등교육의 특징이다. 이런 학교는 야구나 축구 등 스포츠에 특화되어 있으므로 학생들이 학업보다 스포츠를 중심으로 고교 생활, 혹은 대학 생활을 한다. 음악이나 미술에 특화된 학교도 있다. 만약 이런 교육이 장래 직업 생활(프로 스포츠 선수나 예술가, 혹은 전문적인 교사)에 도움이 된다면 아무런 문제가 없을 것이다. 참고로 이런 학교 중에는 사립학교가 많아서 국가의 규제에 얽매이지 않는 교육 방침이 용인된다.

그래도 실제로는 문제가 종종 생긴다. 화려한 프로 야구 선수나 프로 축구 선수, 혹은 프로 예술가를 동경해 전문적인 학교에 입학하는 어린 학생들이 많지만 꿈을 이루려면 격심한 경쟁을 거쳐야 하기 때문이다. 꿈을 이루기 위해서는 타고난 능력, 소질뿐만 아니라 연습과 훈련을 통한 노력이 필요하다. 밤낮없이 노력을 기울이는 그 자체는 훌륭한 일이지만 프로 선수가 되지 못하거나 그다지 활약하지 못해서 직업 생활이 실패로 끝나는 경우가 너무 많다. 그러면 도중에 그 일을 포기하고 뒤늦게 다른 직업을 찾아야 한다. 그러므로 전문 분야를 훈련받는 것도 물론 좋지만, 다른 일을 할 수 있도록 따로 교육을 받을 필요가 있다.

4장

노력

얼마나 열심히 해야 할까

1 학생의 노력

오랜 시간 공부할수록 학력이 향상될까

———

지금까지 타고난 능력, 성장기의 주변 환경, 교육의 질이 인생에 미치는 영향을 생각해봤다. 이번에는 공부나 일에 기울이는 '노력'이 인생에 얼마나 큰 영향을 미치는지 알아보려고 한다. 아무리 뛰어난 지능과 능력을 타고나고 아무리 양호한 환경에서 성장하더라도 스스로 아무것도 하지 않는다면 성과를 얻지 못할 것이다.

학생이 공부에 기울이는 노력을 측정하는 가장 단순한 지표는 학교 밖에서 얼마나 많은 시간을 공부에 투입하느냐다. 예습과 복습, 숙제에 들이는 시간과 학원, 과외 등 학교 외 학습에 들이는 시간 말이다. 보통은 공부 시간이 길수록 공부를 잘할 것이라고 기대한다.

표 4-1을 보며 일반적인 학생의 공부 시간이 어떻게 변해왔는지 알아보자. 1989년 이후 최근 20년 동안 TV 시청 시간이 감소하고 게임을 즐기는 시간이 증가하는 것을 알 수 있다. 또 공부 시간이 감소하는 추세가 뚜렷한 것으로 보아 이전보다 학생들의 학력이 저하됐을 것으로 예상된다. 그러나 학력을 이렇게 단순히 측정할 수는 없다. 지능이 높은 학생이라면 이해력, 분석력, 문제 해결력이 뛰어나므로 짧은 시간에도 충분한 공부 효과를 얻을 수 있기 때문이다.

학교 시절을 생각해보면 공부를 전혀 하지 않는데도 성적을 잘 받았던 학우가 한 명쯤은 있었을 것이다. 반대로 다른 아이들보다 더 긴 시간을 들여야 예습, 복습, 숙제를 해낼 수 있는 학우도 있다. 심지어 아무리 노력을 해도 성과가 없는 학우도 있다. 또한, 학생이 다니는 학교의 교육 방식이 효율적일 수도 있고, 그렇지 않을 수도 있다는 가능성을 생각해야 한다. 전자라면 학교에서 효율적이고 질 높은 방식으로 공부를 가르치므로 장시간 공부를 하지 않아도 학력이 높아질 것이고, 반대의 경우에는 학생이 학교 밖에서 어쩔 수 없이 오랜 시간 공부를 해야 한다. 그뿐만 아니라 가정환경의 영향도 고려해야 한다. 가정에 개인 공부방이나 책상이 있는 아이와 그렇지 않은 아이는 공부에 대한 의욕에 차이가 나기 마련이다. 또 부모,

표 4-1 생활 시간의 변화

(단위: 분)

	초등학생			중학생		
	집에서 공부	TV	게임	집에서 공부	TV	게임
1989년	51.1	140.2	33.6	42.2	137.7	23.3
2001년	36.1	139.5	57.3	27.6	160.1	52.6
2013년	46.5	132.9	61.9	31.9	125.7	36.5

형제의 생활 방식과 공부에 대한 열의, 혹은 협조성도 무시할 수 없는 영향을 발휘한다.

위의 유의점을 최대한 고려하면서 공부 시간과 학력의 관계를 살펴보겠다. 다음 페이지의 그래프 4-1에 학생의 공부 시간이 학력 수준별로 표시되어 있다. 여기 표시된 공부 시간에는 학원과 과외 등의 시간이 포함된다. 이를 보면 공부를 잘하는 학생이 아무래도 공부를 더 오래 하는 경향이 있다. 그런데 초등학교, 중학교, 고등학교 등 상급 학교로 갈수록 공부 시간이 길어지느냐 하면 의외로 그렇지 않다. 초등학생과 고등학생의 공부 시간은 거의 비슷해 보인다(중학생은 조금 다르다). 고등학생의 그래프에서 흥미로운 것은, 학교의 질에 따라 공부 시간이 상당히 달라진다는 점이다. 위에서 열거한, 학력 측정에 대해 유의할 세 가지 사항 중 두 번째와는 상충되는 현상이다. 예상과는 반대로, 수준 높은 교육을 하는 고등학교의 학

그래프 4-1 학력별로 살펴본 학생의 공부 시간

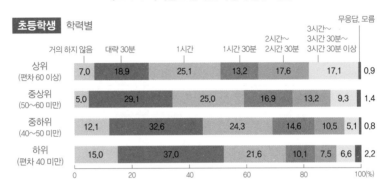

초등학생 학력별

	거의 하지 않음	대략 30분	1시간	1시간 30분	2시간~ 2시간 30분	3시간~ 3시간 30분~ 3시간 30분 이상	무응답, 모름
상위 (편차 60 이상)	7.0	18.9	25.1	13.2	17.6	17.1	0.9
중상위 (50~60 미만)	5.0	29.1	25.0	16.9	13.2	9.3	1.4
중하위 (40~50 미만)	12.1	32.6	24.3	14.6	10.5	5.1	0.8
하위 (편차 40 미만)	15.0	37.0	21.6	10.1	7.5	6.6	2.2

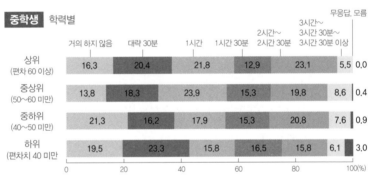

중학생 학력별

	거의 하지 않음	대략 30분	1시간	1시간 30분	2시간~ 2시간 30분	3시간~ 3시간 30분~ 3시간 30분 이상	무응답, 모름
상위 (편차 60 이상)	16.3	20.4	21.8	12.9	23.1	5.5	0.0
중상위 (50~60 미만)	13.8	18.3	23.9	15.3	19.8	8.6	0.4
중하위 (40~50 미만)	21.3	16.2	17.9	15.3	20.8	7.6	0.9
하위 (편차치 40 미만)	19.5	23.3	15.8	16.5	15.8	6.1	3.0

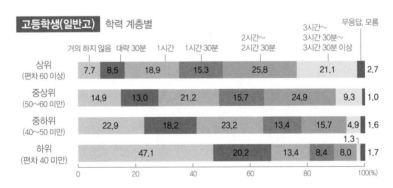

고등학생(일반고) 학력 계층별

	거의 하지 않음	대략 30분	1시간	1시간 30분	2시간~ 2시간 30분	3시간~ 3시간 30분~ 3시간 30분 이상	무응답, 모름
상위 (편차 60 이상)	7.7	8.5	18.9	15.3	25.8	21.1	2.7
중상위 (50~60 미만)	14.9	13.0	21.2	15.7	24.9	9.3	1.0
중하위 (40~50 미만)	22.9	18.2	23.2	13.4	15.7	4.9	1.6
하위 (편차 40 미만)	47.1	20.2	13.4	8.4	8.0	1.3	1.7

생일수록 오랫동안 공부하며, 반대로 수준 낮은 교육을 하는 고등학교의 학생일수록 공부를 별로 하지 않는 것이다. 이처럼 명문 고등학교의 우수한 학생이 공부를 더 많이 하니 학력이 점점 더 높아지는 것이다. 이는 고등학생의 학력을 높이려면 학교의 질, 학생의 질, 그리고 학생의 공부 시간 삼박자가 상승효과를 일으켜야 한다는 사실을 시사한다. 또 이 표를 통해 고등학생의 학력 격차가 상상 이상으로 커졌음을 알 수 있다.

가정의 교육적 환경과 본인의 의욕

학생의 학교 밖 공부 상황을 평가하는 가장 단순한 지표는 공부 시간이다. 그러면 공부 시간을 결정하는 요인은 무엇이고, 그 요인 중 가정환경은 학생의 학습 의욕에 얼마나 큰 영향을 미칠까? 시미즈, 이사, 지넨, 시바노가 이에 대해 상세히 조사했다. 표 4-2에 이들의 조사 결과가 나와 있다. 가정의 교육적 환경이 높음, 중간, 낮음 중 어디에 속하는지, 그리고 아이가 가정에서 얼마나 공부를 하며 학교에서 어떤 성적을 내는지의 관계가 잘 드러나 있다. 즉 가정환경이 학습 시간에 미치는 영향을 나타낸 표라 할 수 있다. 네 연구자

는 가정의 교육적 환경을 다음 네 항목으로 구분한 뒤 가정별 교육 환경의 수준을 고, 중, 저 3단계로 정리했다.

① 가족이 텔레비전으로 뉴스 프로그램을 본다.
② 가족이 손수 과자를 만들어준다.
③ 어릴 때 가족이 그림책을 읽어줬다.
④ 가족이 박물관과 미술관에 데려간 적이 있다.

이에 대해 프랑스 사회학자인 피에르 부르디외Pierre Bourdieu는 '문화 자본(가정의 교양과 문화 수준, 혹은 아이의 교육에 대한 적극성)'이 풍부한 가정의 자녀는 수준 높은 학교 교육을 받을 확률이 높다고 말했다. 우선 집에서 공부를 전혀 하지 않는 아이의 비율이 12.5%에 불과하므로 나머지 90% 정도는 집에서 공부를 하고 있다고 말할 수 있다. 이처럼 가정환경의 수준이 높을수록 공부하는 시간이 조금씩 늘어나는 것은 부인할 수 없다. 가정환경이 가정 내 공부 시간과 독서 시간에 영향을 미치므로 교육적 환경이 잘 갖춰진 가정의 아이일수록 공부, 독서를 많이 한다. 그러나 거듭 말하지만 그 영향이 그리 크지는 않은 것 같다. 흥미롭게도, 오히려 앞에서 언급한 학교의 편차(즉 교육의 질)가 미치는 영향이 매우 크다. 즉 학생의 공부

표 4-2 **학습 의욕, 학습 행동의 변화(가정의 교육적 환경과의 비교)**

(단위: %)

| | | | 초등학교 | | | |
| | | | 2013년 | | | |
		가정의 교육적 환경	고	중	저	전체
학습 의욕	가정의 공부 방식 ('매우 그렇다' + '그렇다')	숙제는 다 한다	94.2	94.6	93.1	93.9
		학교에서 배운 것을 스스로 자세히 조사한다	46.2	36.3	25.5	35.7
		싫어하는 과목도 열심히 공부한다	81.7	75.7	62.4	72.8
		가족이 시키지 않아도 스스로 공부한다	64.6	53.9	46.5	54.9
	성적에 대한 생각 ('매우 그렇다' + '그렇다')	공부는 재미있다	56.0	50.2	38.8	48.1
		성적이 내려가도 신경 쓰지 않는다	38.1	39.7	43.2	40.4
		공부는 장래에 도움이 된다	86.8	83.3	76.3	81.9
		남보다 좋은 성적을 받고 싶다	69.7	69.6	66.3	68.4
학습 행동	가정 학습	'하지 않는다'	9.3	11.3	16.4	12.5
	독서(만화, 잡지 제외)	'하지 않는다'	35.1	46.0	55.0	45.5
	가정의 학습 시간(평균 시간)	단위: 분	57.5	42.9	43.0	48.1
	독서 시간(평균 시간)	단위: 분	36.4	25.5	21.2	27.8
	학교 복습(가정의 공부 내용)	'하지 않는다'	30.0	36.3	53.6	40.5
	학교 예습(가정의 공부 내용)	'하지 않는다'	39.2	50.0	61.7	50.6

시간에는 가정의 교육적 환경보다 학생이 다니는 학교의 수준이 큰 영향을 미친다. 그래서 부모가 교육에 적극적이어도 아이는 공부하지 않을 수 있고, 반대로 부모가 교육에 큰 관심이 없어도 아이가 공부를 좋아할 수 있다. 한편 학습 의욕에는 가정환경이 큰 영향을 미

치는 것으로 보인다. 교육적 환경이 갖춰진 가정의 아이는 수업에서 배운 것을 스스로 자세히 조사하기도 하고, 싫어하는 과목도 열심히 공부하며, 누가 시키지 않아도 공부하는 경향이 있다.

학교 성적에 대한 의식에서도 같은 현상이 나타난다. 특히 '공부는 재미있다', '공부는 장래에 도움이 된다'는 두 항목에서 그 차이가 현저하다. 반면, 흥미롭게도 '성적이 떨어져도 신경 쓰지 않는다', '남보다 좋은 성적을 받고 싶다'는 두 항목에는 가정의 교육 환경이 별로 영향을 미치지 않는 듯하다. 마지막으로, '남보다 좋은 성적을 받고 싶다' 항목에서는 전체 학생의 70%가 '그렇다'고 답했다. 이는 자연스러운 현상이다. 적어도 마음속으로는 대부분의 학생이 공부를 잘하고 싶어 하는 것이다.

그러나 실제 교육 현장에는 다양한 이유로, 공부 잘하는 아이와 그렇지 않은 아이가 나뉘기 마련이다. 그런데 표를 보고 감명받은 점이 있다. 가정의 교육적 환경이 어떻든 '숙제는 다 한다'고 답한 학생이 94%나 된다는 것이다. 거의 모든 학생이 학교 숙제를 성실하게 수행해야 한다고 믿고 있다. 그러므로 선생님들이 아이들에게 의미 있는 과제를 규칙적으로 낸다면 아이들의 학습 성과를 올릴 수 있을지 모른다. 학생들이 과제를 착실히 한다는 사실에 기대를 걸어볼 만하다.

학력이 우수한 학교와 열등한 학교

____

학벌주의가 뿌리 깊은 나라에서는 학교의 질, 혹은 교육 방식에 대한 평가가 다음 두 가지 기준으로 이루어질 때가 많다. 하나는 유명 대학과 명문 대학에 얼마나 많은 졸업생을 보냈느냐 하는 '대학 진학 실적'이다. 심지어 명문대 입학생을 많이 낸 고등학교에 진학을 많이 시킨 중학교, 때로는 초등학교까지 인기가 높아지기도 한다. 또 하나는 졸업생의 취업률, 졸업생이 취업한 곳의 질을 의미하는 '취업 실적'이다.

요즘에는 대학 합격자 결정 방식이 화제가 되고 있다. 지금까지는 학력 평가를 통한 일제 평가가 실시됐다. 이는 시험 점수로 합격 여부를 정하는 것이 무엇보다 공평하다는 사회적 신념이 강했기 때문이다. 학교는 공부를 하는 곳이므로 학교에 어울리는 사람을 뽑을 때 학력을 유일한 지표로 삼은 것이다. 그러나 학력만으로 합격자를 뽑으면 모든 수험생이 높은 득점을 얻으려고 노력하는 것은 당연하다. 고등학교 수업도 시험에 대비하는 데 집중하게 될 것이다. 그러다 보면 학력이 우수한 학교와 그렇지 않은 학교의 차가 현저해질 텐데, 일반적으로는 우수한 학생이 많은 학교가 높은 평가를 받기 마련이다. 그런 학교는 원래 우수한 학생들이 많을 뿐만 아니라 면학 분위기가 잘 조성되어 있어서 함께 학업에 힘쓰므로 학교의 효율성이 점점 높아진다. 학교의 평가도 당연히 점점 높아진다. 학생이 우수하면 가르치는 보람이 있으므로 그런 학교에는 우수한 교사들이 모여들기도 쉽다. 이것은 입시 명문으로 불리는 유명한 국립 및 사립 중고등학교의 실제 이야기다.

이처럼 '학교의 우수성', 혹은 '교육의 질'이 상급 학교 진학 성과로만 측정되는 부자연스러운 현상이 일상이 됐다. 학교들도 입시만을 위해 매진하고 있다. 이렇게 된 데에는 위에서 언급한 '취업 실적'의 영향이 크다. 기업이나 기관의 승진에는 이미 실력주의가 상당히 침투해 학벌주의가 상당히 해소됐지만, 신입사원을 채용할 때는 학벌주의가 여전하다. 명문 대학, 유명 대학을 졸업한 사람은 상장 기업이나 대기업에 취직하거나 기관에 취직할 때 확실히 유리하다. 이 문제는 나중에 다시 자세히 설명할 것이다.

그런데 최근 입시 전쟁이 더 치열해진 분야가 있으니, 바로 각 대학의 의대다. 고소득 직종의 대표인 의사는 면허만 있으면 먹고 살 걱정이 없는 데다 남에게 존경받기까지 하니, 의학부에 들어가기가 점점 더 어려워지고 있다. 의대에 학생을 얼마나 입학시켰느냐가 학교의 질을 평가하는 새로운 기준으로 등장했을 정도다.

학력 향상에 힘쓰는 초·중학교의 격차

—

이번에는 아주 평범한 공립 초등학교와 중학교로 범위를 한정하여 학교들이 어떤 노력을 기울이고 있는지 살펴보자. 명문고 진학 실적으로 학교 교육의 질과 노력을 분석하는 것이 아니라 극히 일반적인 초등학교가 학생의 학력 향상을 위해 어떤 노력을 기울이고 있는지 살펴보려는 것이다.

당연한 이야기지만 수업 내용, 교사의 교수법 등을 주로 들여다볼 것이다. 일부 국공립 및 사립 중고등학교 등 의욕 있고 우수한 학생이 많이 모인 학교는 특수한 사례로 제외하고, 지극히 일반적인 학생이 대부분이거나 다양한 학생이 모여서 공부하는 학교에 관해 이야기하겠다. 이 설명의 근거가 될 자료는 두 가지다. 하나는 시미즈, 이사, 지넨, 시바노가 오사카 부의 25개 초등학교와 14개 중학교의 학력을 조사한 결과다. 또 하나는 시미즈, 마에바 유사쿠前場優作의 자료로, 일부 지역 내 학생들의 학업 성적이 특히 우수한 이유를 분석한 것이다. 먼저 시미즈, 이사, 지넨, 시바노의 자료를 살펴보자. 이들은 오사카의 초등학교를 다음 네 종류로 구분하여 학교의 노력이 얼마나 성과를 거뒀는지 분석했다.

① 열심히 하는 학교: ④와 비슷한 환경이지만 교사가 학력 향상을 위해 열심히 노력하는 학교

② 보통 학교: 학부모의 가정환경도 학교의 노력도 보통 수준인 학교

③ 윤택한 학교: 학부모의 사회, 경제적 지위가 높고 환경이 윤택한 학교

④ 어려운 학교: 빈곤층이 많은 지역에 위치하며 부모의 사회, 경제적 지위가 낮은 학교.

표 4-3은 가정 학습, 수업 형태, 학생의 의식 등을 학교 분류별로 나타낸 것이다.

우선 가정 학습 항목을 살펴보자. 가장 인상적인 것은 '열심히 하는 학교' 학생의 73.4%가 매일 30분 이상 공부한다고 대답한 것이다. 이는 다른 학교보다 상당히 높은 비율이다. 한편 '어려운 학교'에서는 같은 대답을 한 학생이 22.6%에 불과해, 확실히 공부를 덜 하는 것으로 나타났다. '열심히 하는 학교'에서 학생이 열심히 공부하는 이유는 그 수업 형태에서 유추할 수 있다. 이런 학교에서는 반복 연습을 시키거나 가벼운 시험을 실시하는 빈도가 높다. 또 짝이나 그룹으로 토론을 시키고 자신의 생각을 발표하게 하며, 의견을 교환하게 하는 등 교사가 학생에게 공부를 많이 시킨다. 그뿐만 아니라 학생들도 스스로 그룹으로 모여 공부를 한다. 즉 학교가 솔선

표 4-3 생활 설문의 결과(학교별)

		열심히 하는 학교	보통 학교	윤택한 학교	어려운 학교	회답 내용
가정 학습	30분 이상 공부한다	73.4%	52.0%	59.9%	22.6%	
	학교 숙제를 한다	81.3%	79.3%	92.1%	84.4%	'항상 한다'
	숙제는 성실히 한다	66.1%	64.2%	68.4%	78.1%	'매우 그렇다'
	모르는 것이 있으면 스스로 조사한다	53.1%	39.0%	33.8%	44.4%	'그렇다'
수업 형태 (산수)	교사가 교과서와 칠판을 활용하여 가르친다	90.6%	91.1%	93.5%	90.3%	'자주 있다'
	반복 연습이나 가벼운 검사가 잦다	81.3%	21.5%	20.8%	58.1%	'자주 있다'
	숙제가 있다	48.3%	25.6%	24.7%	58.1%	'자주 있다'
	짝이나 그룹으로 토론한다	73.5%	65.6%	87.0%	64.6%	'자주 있다', '가끔 있다'
	스스로 생각하거나 조사한다	33.3%	43.4%	42.7%	30.0%	'자주 있다'
	자기 생각을 발표하거나 의견을 낸다	73.5%	65.6%	87.0%	64.6%	'자주 있다'
	PC를 활용한다	38.7%	36.3%	10.4%	48.4%	'자주 있다', '가끔 있다'
의식	공부는 장래에 도움이 된다	64.1%	51.6%	49.4%	65.6%	'매우 그렇다'
	싫어하는 과목도 열심히 공부한다	45.3%	33.3%	30.3%	40.0%	'비교적 그렇다'
	자신에게는 남보다 뛰어난 점이 있다	37.5%	29.2%	23.4%	31.3%	'네'

※ 음영 부분은 나머지 3곳의 초등학교보다 10% 이상 긍정적인 수치

하여 학생에게 공부를 시키며, 학생 스스로 학우들과 토론하며 학력을 높이려는 노력을 기울인다는 것이다. 반면 '보통 학교'나 '윤택한 학교'에서는 반복 연습이나 가벼운 시험을 실시하는 비율이

20% 전후로 상당히 낮다. 게다가 숙제를 내주는 비율도 낮으므로, 이들 학교가 학생에게 공부를 많이 시키지 않는다는 사실을 알 수 있다. 어쩌면 아이러니하게도, 이런 학교에는 학원에 다니는 학생이 많아서 교사가 학생에게 직접 공부를 강제할 필요가 없는지도 모른다. 즉 학원에 의존하는 측면이 강한 것이다.

한편 '열심히 하는 학교'나 '어려운 학교'의 경우 학원에 다니는 학생이 많지 않을 것이다. 그래서 교사들이 학생의 학력을 올리는 것을 사명으로 여기고 학생들에게 의욕적으로 공부를 시키는 것으로 해석할 수 있다. 윤택한 학교는 짝 또는 그룹으로 토론하거나 의견을 교환하거나 발표하는 비율이 높으므로 학생들 사이에 자주적인 학습이 이루어지는 것으로 보인다. 반면 어려운 학교는 교사가 숙제를 내주고 수업에 컴퓨터를 자주 활용하는 등 노력을 기울이고는 있지만 실제 성적 향상 효과가 거의 나타나지 않는 듯하다.

마지막으로 학생의 공부에 대한 의식 및 자기 자질에 대한 평가 항목을 보면, 윤택한 학교를 다니는 학생일수록 의외로 의식과 의욕이 낮은 것으로 나타나 있다. 의외여서 그 이유를 알아보고 싶어지지만, 이 책의 주제에서 벗어난 이야기이므로 일단 과제만 제시하고 넘어가겠다. 그러면 이 네 종류 학교의 학생 성적(산수)이 어떻게 분포하는지 알아보고 학업 성취도를 파악해보자. 그래프 4-2에 학원에 다니지 않는 아이들의 득점 분포가 나타나 있으므로 순수한 학교 공부의 효과를 확인할 수 있다.

그 전에, 학교의 교육 방식과는 무관하게 학원에 다니는 학생과 다니지 않는 학생 사이에 학력 차가 얼마나 나는지 알아보겠다. 표 4-4를 보면 학원에 다니는 학생과 다니지 않는 학생 사이에 확실한 학력 차가 있는 것을 알 수 있다. 특히 국어보다 산수 또는 수학에서 그 차이가 현저하다. 그러면 본론으로 돌아가자. 일단 '열심히 하는 학교'의 득점 분포가 가장 양호한(참고로 평균은 100점 만점에 79점) 것이 인상 깊다. 40점 이하인 학생이 매우 적은 것은 학교가 우수하지 못한 학생의 성적을 끌어올리는 데 성공했다는 뜻이다. 또 고득점을 올린 학생도 많은데, 그 이유는 아직 알 수 없다. 그다음으로 득점 분포가 양호한 곳은 '윤택한 학교'다. 그러나 누구나 예상하듯, 학원에 다니는 학생까지 자료에 반영하면 고득점자 수가 더 늘어나 '윤택한 학교'가 '열심히 하는 학교'를 제칠 것이다.

성적 분포가 가장 불량한 그룹은 예상대로 '어려운 학교(평균점은 32.7)'다. 가정환경이 불우한 아이들이 많아서 학교가 아무리 노력해도 학생들이 공부를 하지 않으므로 성적이 오르지 않는 것이다. '어려운 학교'를 '열심히 하는 학교'로 만드는 것이 향후 과제라 할 수 있다.

그래프 4-2 산수算數의 득점 분포(학원에 다니지 않는 아이의 성적)

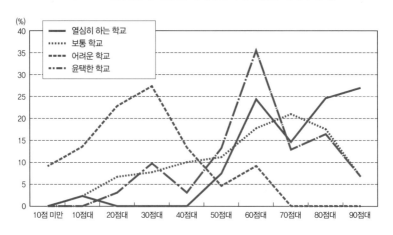

표 4-4 학원과 득점의 관계

초등학교	국어			산수			학원에 다니는 비율
	학원에 다니지 않음	학원에 다님	차이	학원에 다니지 않음	학원에 다님	차이	
1989년	74.3	78.7	4.4	77.3	83.2	5.9	28.7%
2001년	69.0	75.2	6.2	65.6	71.3	5.7	29.4%
2013년	71.9	79.0	7.1	71.7	80.5	8.8	29.4%

초등학교	국어			수학			학원에 다니는 비율
	학원에 다니지 않음	학원에 다님	차이	학원에 다니지 않음	학원에 다님	차이	
1989년	65.9	72.8	6.9	61.9	74.8	12.9	54.4%
2001년	59.6	68.9	9.3	53.3	72.9	19.6	50.7%
2013년	65.7	69.2	3.5	55.2	69.1	13.9	49.7%

이번에는 일반적인 학교 중 아키타秋田 현과 호쿠리쿠北陸 3현(후쿠야마福山, 이시카와石川, 후쿠이福井)의 초등학교 및 중학교의 학력이 특별히 높은 이유를 살펴보자. 이 지역에는 진학을 목표로 하는 사립학교가 별로 없어 대부분의 학생이 공립학교에 다니는데다 학원도 많지 않다. 그런데도 이 지역 내 학생들의 학력이 일본 최고를 자랑하는 이유가 무엇일까? 각 현의 성적을 집계하기 이전에 이 지역 학생들의 학력이 왜 높은지, 이 지역의 학교와 학생이 어떤 노력을 기울이고 있는지를 살펴보자. 아래는 시미즈, 마에바의 요약이다.

① 작은 행정구역이 많은 만큼 지방자치단체, 교육위원회, 학교, 교사, 학부모 모두가 교육을 최고로 생각하므로 결속이 강하고 교육열이 높다.
② 가족의 유대가 강해 부모와 조부모가 가정에서 아이에게 공부를 가르친다.
③ 학부모와 학생이 교사를 존경하며 교사의 교육을 신뢰하므로 지도를 잘 따른다.
④ 교사도 그 기대에 부응하려고 교과 지도 방식과 수업 방식을 열심히 연구한다.
⑤ 수업 시간에는 그룹 토론과 발표 기회를 늘려 소통 능력 향상에 힘쓴다.
⑥ 떠들썩한 분위기에 휩쓸리기 쉬운 대도시와는 달리 교사와 학생이 모두 조용한 분위기에서 성실하게 학교생활을 한다.

학교와 교사가 학생의 교육에 적극적으로 나서는 모습이 오사카부의 '열심히 하는 학교'와 겹친다. 이처럼 학부모와 교사 등 주변에서 좋은 환경을 만들어준 것, 학생이 면학에 힘쓴 것이 이 지역의 학력을 향상시킨 핵심 이유로 볼 수 있다.

미국의 '효과적인 학교'란

———

미국 교육계에서 학생의 학력을 올리는 데 성공한 학교는 '효과적인 학교Effective school'라는 자타의 인정을 받는다. 그렇다면 어떤 학교가 효과적이라고 할 수 있을까?

니스벳은 효과적 학교를 이렇게 정의했다. "교장은 신념을 갖고 교육에 임해야 하며 교사를 신중히 선정하고 감시해야 한다. 실력 없는 교사를 학교에서 내보내는 기술을 익혀라. 커리큘럼과 지도 전략에 중점을 두고 학생의 학력 데이터를 점검해 지도 전략이 잘 기능하는지 파악해라. 교사에게 다양한 세미나와 연수 기회를 자주 제공해 교수법을 연마하도록 해라. 그리고 자녀의 교육에 부모를 참여시키기 위해 노력해야 한다."

미국의 이 정의는 일본에도 대략 들어맞는다. 한 가지 명확히 다른 점은 '교장'의 역할이다. 미국은 사회 전체적으로 조직을 대표하는 사람의 리더십을 중시하는 반면 일본은 대표자가 독주하는 것을 싫어해 조직 구성원의 의견에 따라 방침을 결정하는 풍조가 강하다. 그래서 일본에 미국식 관리 방식을 도입해야 한다는 주장도 제기되고 있지만 아직은 이렇다 할 결론이 내려지지 않았다.

강한 인내심과 한결같은 노력이 결실을 맺는다
—

지금까지는 초등 교육을 중심으로 학력 향상을 이야기했는데, 이번에는 고등교육 기관에서의 성과를 생각해보려 한다. 대학 등의 고등교육 기관이 관심 대상이긴 하나 대학 교육 개혁론을 들먹이자면 끝이 없을 테니, 여기서는 대학교 이야기는 제외하고 학자로서 일류가 되는 조건, 즉 노벨상을 받는 등 학문의 정점에 서려면 어떻게 해야 하는지 이야기해보자.

뛰어난 연구자가 되려면 당연히 어느 정도 뛰어난 두뇌를 타고나야 한다. 즉 학문의 역사와 기존의 지식을 잘 이해하고 새로운 지식을 발견하려면 뛰어난 지능이 필요한데, 그래도 그것만으로는 충분하지 않다. 이과 계열이라면 새로운 이론을 개발하거나 실험에 성공하기 위해 수많은 시행착오와 실패를 거쳐야 한다. 그러려면 실패에 좌절하지 않고 끈질기게 다시 도전하는 근성이 필요하다. 문과 계열도 마찬가지다. 그야말로 강한 정신력과 한결같은 향상심에서 솟아난 노력이 필요하다.

학계에 위대한 업적을 남긴 사람의 전기를 보면, 그중 아주 소수만 굉장한 두뇌를 타고난 천재였고 대부분은 보통 사람보다 꽤 혹은 약간 뛰어난 지능의 소유자에 불과했음을 알 수 있다. 오히려 그들은 강한 인내력과 한결같은 노력, 새로운 일에 대한 도전정신, 기존의 억압과 권위에 얽매이지 않는 정신, 안 된다는 것을 깨닫자마자 미련 없이 포기하는 과감함을 갖춘 사람들이었다. 처음에 말한 인내력과 노력, 그리고 마지막에 말한 깨끗이 포기하는 과감함이 서로 모순되는 것처럼 보일지 모르지만, 두 가지의 균형을 잘 맞추는 것이야말로 가장 중요한 역량이다. 이 균형 감각이 뛰어난 사람이어야 타인이 이룩하지 못한 훌륭한 학문적 업적을 이룩할 수 있다.

2　운동선수,
　　　예술가의 노력

불리한 조건을 극복한 프로 농구 선수의 노력

음악, 미술, 스포츠에서 최고의 성과를 내는 사람은 대단한 재능을 타고나야 한다는 통념이 있다. 여기서 그것이 사실인지 검토해 보겠다.

많은 사람이 스포츠 선수가 성공하려면 무엇보다 신체 능력이 중요하다고 생각한다. 〈2장〉에서도 단거리 경주 선수와 장거리 경주 선수에게 필요한 신체 능력이 각각 다르다는 이야기를 했다. 운동 선수에게 특수한 신체 능력이 중요하다는 사실을 부인할 사람은 없을 것이다.

다시 말해 특정한 스포츠 종목에서 우수한 실적을 내려면 특정한 재능이 있어야 한다. 쉬운 예로, 농구 선수는 키가 작은 것이 매우 불리하다. 반대로 말하자면 농구에서는 키 큰 선수가 유리하다. 그러나 키가 너무 작으면 어쩔 수 없겠지만 평균보다 조금 큰 키로도 충분히 활약하는 경우가 있다. 즉 큰 키가 절대적인 조건은 아니라는 말이다. 다부세 유타田臥勇太(1980년생) 선수도 좋은 사례다.

그의 키는 173센티미터로, 농구 선수로서는 아주 작은 편이다. 그래도 그는 농구 선수였던 어머니에게서 우수한 운동 유전자를 물려받았고 '쇠는 뜨거울 때 두드려라'라는 교훈을 살려 초등학교 저학년 때부터 농구를 열심히 배웠다. 덕분에 농구 명문고 아키타 현립 노시로能城공업고등학교에서 큰 활약을 했고, 도요타 자동차 실업팀에서 활동했으며 나중에는 미국 프로리그(NBA)의 몇몇 팀에 소속된 선수로 공식 시합에 출장하기도 했다.

세계 최고 수준의 NBA에서 눈에 띄는 활약을 펼치지는 못했지만 동양인의 체격으로 NBA의 일원이 된 것만도 대단한 일이다. 그는 귀국 후 현재까지 일본의 프로 농구 팀 도치기 브렉스栃木Brex에서 현역으로 활약하고 있다. 미국에 있을 때 다부세 선수는 작은 키를 활용해 장신 선수를 사이를 교묘하게 빠져나가는 멋진 패스 플레이와 점프 슛을 보여줬다. 작은 키라는 약점을 날쌘 몸놀림과 높은 점프로 보완한 것이다. 농구 선수에게 일반적으로 요구되는 장신 이외의 운동 능력이 뛰어났으므로 다부세 선수의 전체적인 능력은 우수했다고 할 수 있다. 그러나 키의 불리함을 극복하려면 운동 신경만으로는 부족하다. 다부세 선수가 힘겨운 연습을 견뎌낸 것을 잊어서는 안 된다.

농구 선수의 연습 하면 빼놓을 수 없는 선수가 레이 알렌Ray Allen (1975년생)이다. 키가 196센티미터라 평균 키가 2미터쯤 되는 NBA에서는 평범한 축에 속하지만, 알렌 선수는 역사상 3점 슛을 가장 많이 성공시킨 선수로 유명하다. 그는 "신이 알렌에게 뛰어난 운동 능력을 내렸다"는 대중매체의 기사에, "나는 연습 벌레니 내가 얼마나 노력했는지를 써달라"고 항의했다고 한다. 알렌의 고등학교 시절 코치는 '당시 그는 그다지 슛을 잘하는 선수가 아니었으며 슛이 오히려 서툴렀다'고 증언했다고 한다. 그러나 알렌은 누구보다도 연습을 많이 했다. 본인 역시 "우리 팀 선수들에게 물어보면 내가 슛 연습을 가장 열심히 했다는 사실을 모두 인정할 것이다"라고 말했다고 한다. 어느 정도 우수한 신체 능력을 갖춘 사람이 모인 프로 농구에서 눈에 띄는 성과를 거두려면 오로지 연습에 힘쓰며 한결같이 노력해야 하는 것이다.

이치로와 사다하루가 성취한 위업

———

나는 극성 야구팬이라, 야구 선수들의 능력과 노력의 관계에 관해 꼭 이야기하고 넘어가고 싶다. 내 개인적인 경험을 간단히 소개하자면, 어릴 때는 동네 야구단에서 활동하는 괜찮은 선수였다. 수비를 잘하는 편이었고, '밀어치기 왕 다치바나키'로 불릴 만큼 괜찮은 타자이기도 했다. 그러나 유감스럽게도 신체 능력과 운동 능력이 고만고만해서 하루 24시간을 야구에 투자한다 해도 야구로 출세(중학교, 고등학교 야구부에 들어감)하기는 어렵다는 사실을 깨닫고 초등학생 때 일찌감치 야구를 포기했다. 스포츠로 출세하려면 일정 수준 이상의 신체적 능력, 운동 능력이 필요하다는 것을 절감한 것이다.

나와는 달리 야구 연습을 열심히 해서 재능을 꽃피운 선수들이 있다. 제일 먼저 생각나는 사람이 스즈키 이치로鈴木一朗(1973년생) 선수다. 그가 일본과 미국 프로 야구에서 눈부신 활약을 펼친 것을 대부분 잘 알고 있을 것이다. 이치로 선수는 최다 안타, 도루왕, 골든글러브상 수상 등, 위대한 업적을 쌓은 것으로도 잘 알려져 있다. 외야에서 홈으로 레이저 빔 같은 공을 던지는 강한 어깨의 소유자로도 유명하다. 이처럼 각종 운동 능력(달리기, 던지기, 치기 등)이 대단히 뛰어나니, 그야말로 천재라는 말이 잘 어울리는 선수다. 그러나 이치로 선수도 타고난 재능에 엄청난 노력을 보탰다. 난카이 호크스, 야쿠르트 스왈로스 등에서 선수, 감독을 역임한 노무라 가쓰야野村克也가 이치로를 두고 "천재가 노력하면 무섭다"고 말한 것을 보면 그 역시 노력파임에 틀림없다.

실제로, 그가 시합 전에 부지런히 몸을 푸는 모습이나 치고 달리고 받는 훈련에 열중하는 모습을 영상으로 자주 본다. 그는 집에서도 다양한 훈련 기구를 활용하여 몸을 단련한다고 한다. 이치로 선수는 부상을 잘 당하지 않는 것으로도 인정받고 있다. 그래서 평소에 부지런히 몸을 단련하고 훈련한 덕분에 부상이 거의 없다고 증언하는 사람이 많다. 이치로는 다른 사람들보다 두 배 더 연습과 훈련에 힘쓴다. 이치로는 유년, 소년 시절부터 세계적인 야구 선수가 되기 위해 노력했다. '치치로'*라고 불릴 만큼 적극적으로 야구를 가르친 아버지와 함께 매일 배팅 센터에 다니며 타격 연습을 했다고 한다. 진학할 때도 나고야名古屋 지역의 야구 명문인 아이치愛知공업대학부설 메이덴明電고등학교를 선택해 야구 기술을 연마했다. 그의 유소년 시절 이야기에서 프로 야구 선수가 되겠다는 굳은 의지와 일류 선수에게 필요한 자질을 엿볼 수 있다.

---

* 치치(아빠)와 이치로를 합친 말. 이치로만큼 대단한 아버지라는 뜻.

홈런왕으로 유명한 오 사다하루王貞治 선수(1940년생)는 어땠을까? 오 선수는 중국인 아버지와 일본인 어머니 사이에서 태어났다. 국적은 대만이지만 일본 학교와 일본의 프로 야구 팀에서 활약한 덕분에 일본인처럼 생각될 때가 많다. 청소년기에는 야구 명문으로 유명한 와세다早稲田실업학교 고등부에 진학했고, 고시엔甲子園 대회에 투수로 출장해 봄 선발 대회에서 우승까지 했다. 그 후 요미우리 자이언츠에 입단했으나 투수로서는 대성하기 어렵다고 판단해 타자로 전향하여 일루수를 맡았다. 그 후 한동안 평범한 성적을 내며 그다지 눈에 띄는 활약을 펼치지 못했으나 아라카와 히로시荒川博라는 코치를 만나서 새로운 전기를 맞는다. 아라카와 코치가 제안한 '외다리 타법'을 맹렬히 훈련하기 시작한 것이다. "연습 때 썼던 홈 베이스가 너덜너덜해지"고 "아침에 얼굴을 씻으려는데 팔이 올라가지 않을" 정도로 연습을 많이 했다고 한다. 특히 "천장에 실을 늘어뜨리고 그 끝을 칼로 베는 훈련을 했다"는 이야기가 유명하다. 말 그대로 맹훈련이었다.

오 선수는 1962년에 38개의 홈런을 치고 85타점을 기록하며 홈런왕 겸 타점왕에 올랐다. 1964년에는 55개의 홈런을 쳐서 일본 신기록을 세웠고 그 후에도 홈런을 계속 쳐서 1977년에는 세계 기록인 756개를 돌파했다. 결국 통산 868개 홈런이라는 위업을 달성하기에 이르렀다. 그러나 그렇게 홈런을 많이 쳤는데도, 미국 야구계에서는 오 선수가 가장 많은 홈런을 친 요미우리 자이언츠의 홈구장인 고라쿠엔後樂園 구장이 너무 좁다며 그의 기록을 쉽게 인정하려 들지 않았다. 하지만 여기서 세계 최고의 홈런왕이 누구인지 따지기보다는, 오 선수가 '외다리 타법'을 완성하기 위해 얼마나 맹렬히 훈련했는지를 강조하고 싶다.

막무가내 연습은 오히려 해가 된다

스포츠 훈련은 오래 걸리는 데다 단순한 움직임이 많아서 힘들어하는 사람이 많다. 그래서 일류 선수 중에도 '훈련이 즐겁다'고 말하는 사람은 많지 않다. 오히려 그런 괴로움을 견디고 게임에서 좋은 성적을 거뒀을 때 큰 기쁨을 느끼며, 그때까지의 괴로움을 보상받는 기분이 들기 마련이다.

이처럼 단순하고 지루하고 힘든 훈련을 하면서 기쁨과 즐거움을 느끼는 사람은 별로 없을 것이다. 그런데 힘든 연습을 조금이라도 재미있게 만들어 기술을 효율적으로 향상시킬 방법이 없을까 하고 고민한 사람들이 있다. 바로《1만 시간의 재발견Peak》의 저자 에릭슨과 폴로, 이들은 미국의 여자 수영 선수이자 올림픽에서 무려 열두 개의 메달을 딴 선수 나탈리 코플린Natalie Coughlin(1982년생)의 연습법에 주목했다. 코플린 선수는 연습 시간을 되도록 짧게 잡는 대신 그 시간 동안 최대한 집중하려고 노력했다. 짧은 시간 동안 정확한 자세로 수영하는 데 중점을 둔 것이다. 그래서 완벽한 팔 동작은 어때야 하는지를 직관적으로 터득한 다음 그 방법을 다음 연습에서 반복하며 몸에 익혔다. 단, 연습 중에는 100%의 집중력을 발휘하는 것이 중요하다. 오랜 시간 70%의 집중력으로 연습하는 것보다 짧게라도 100% 집중하는 것이 기술 향상에 도움이 된다는 것이다.

그런데 개인 경기라서 이처럼 집중적인 연습이 적합한 수영과는 달리, 농구나 야구 등 많은 인원이 함께하는 팀 경기에 이런 연습법을 적용하기는 조금 어렵다. 그러나 농구나 야구 선수도 혼자 슛 연습을 하거나 배팅 및 투구 연습을 할 때는 코플린의 집중 연습법을 활용할 수 있을 것이다. 사실은 팀플레이에서도 마찬가지다. 오랜 시간 지루하게 연습을 하는 것보다 모두 집중해 짧게 훈련하는 것이 효율적이다. 오랜 시간 연습하다 보면 집중력이 떨어지는 팀원이 등장하기 마련이니 오히려 연습 효율이 저하될 위험성이 있다. 그래서 일본과 미국의 프로 야구 팀의 훈련 방식 차이점을 지적하는 사람이 많다. 시즌이 시작되기 한 달 전부터 캠프를 꾸리는 일본과는 달리 미국은 메이저리그 공식전이 시작되기 직전 짧은 기간 동안만 캠프를 운영한다. 또 미국은 캠프에서 하루 동안 연습하는 시간도 일본보다 짧다고 한다. 미국은 단시간에 집중적으로 연습하는 스타일, 일본은 오랫동안 착실히 연습하는 스타일이라 할 수 있다.

천재 모차르트의 재능과 유소년기의 노력

———

약 250년 전에 활약한 음악가 볼프강 아마데우스 모차르트Wolfgang Amadeus Mozart는 엄청나게 뛰어난 음악 재능을 타고난 천재로 오랫동안 칭송받고 있다.

그는 세 살 때 악기 연주를 시작해 이후 첼로, 바이올린 등을 전문적으로 연주하는 연주자가 됐다. 이처럼 어릴 때부터 훌륭한 연주자였고 작곡도 했으므로 절대음감의 재능을 타고났다고 평가받은 것도 당연하다.

아버지 레오폴드 모차르트Leopold Mozart는 이런 아들의 재능을 꽃피워주기 위해 유럽 각지로 연주 여행을 다녔는데, 각지에서 호평을 받은 덕에 신동 '모차르트'의 이름이 널리 퍼질 수 있었다. 어린 볼프강은 연주 여행을 다니는 동안 각지의 음악 전문가에게 지도를 받았고, 직접 악기를 연주하거나 작곡을 했다. 그리고 잘츠부르크와 빈에 정착해 살면서 프로 연주자, 작곡가로 활동하며 엄청난 수의 음악을 작곡했다. 그때 만들어진 곡은 대부분 지금까지 명곡으로 불린다. 이리하여 볼프강 모차르트는 하이든, 베토벤과 어깨를 나란히 하는 고전파 음악가 중 하나가 됐다.

〈1장〉에서 소개한 바흐 집안처럼 모차르트에게도 음악적 재능이라는 유전 효과가 컸다고 볼 수 있다. 실제로 아버지 레오폴드가 잘츠부르크의 궁정 음악가였으므로 아버지에게서 우수한 음악 유전자를 물려받은 것도 사실이다. 그러나 요즘은 모차르트의 훌륭한 업적을 타고난 재능의 결과로만 돌리는 것이 과연 타당한가 하는 의문이 제기되고 있다. 레오폴드는 아들에게 2~3세 때부터 특별한 음악 교육과 엄격한 훈련을 시킴으로써 볼프강이 4~5세에 절대음감을 완벽히 습득하도록 훈련시켰다.

물론 볼프강에게 음악적 재능이 없었다면 아무리 교육과 훈련을 해도 절대음감을 습득하지 못했을 것이고, 이후 훌륭한 작품을 작곡하지도 못했을 것이다. 재능이 있었기 때문에 교육과 훈련의 효과가 있었던 것도 사실이다. 그런데 에릭슨과 풀이 흥미로운 사실 하나를 지적했다. 아들 볼프강이 6~7세경 작곡했다고 여겨지는 작품의 진짜 작곡가가 아버지 레오폴드라는 것이다. 11세에 작곡한 '피아노 협주곡'도 이미 존재했던 누군가의 피아노 작품을 레오폴드가 편곡해 아들 모차르트의 작품으로 발표한 것에 불과하다고 주장한다.

이것이 진실인지 명백히 판단할 수 없지만, 모차르트가 직접 새로운 곡을 창작하고 발표한 것은 확실히 15~16세라고 하니 어쨌든 천재 작곡가임을 부정할 수는 없을 것이다. 그래도 아버지 레오폴드가 자신이 작곡한 작품을 아들의 작품으로 둔갑시킨 이유가 궁금해진다. 연구자들은 그 이유로 두 가지를 들고 있다.

첫째, 4~5세부터 음악적 재능을 드러낸 아들을 일류 음악가로 키우고 싶었던 아버지의 자연스러운 마음에서 나온 행동이었을 것이다. 둘째, 본인도 음악가로 활동하긴 했지만 그다지 활약하지 못했으므로 아들이 자신의 꿈을 대신 이뤄주길 바라는 마음이 있었을지도 모른다. 우리 주변에도 자신이 이루지 못한 꿈을 자식을 통해 이루려는 부모가 많다. 연구자들의 주장이 사실이라면 사람들을 속인 행동은 분명 잘못이지만, 아들을 열심히 가르쳐 위대한 음악가로 만든 레오폴드를 악인으로 매도할 수는 없을 듯하다.

모차르트의 업적에는 유전과 환경이 동시에 공헌했다. 아버지 레오폴드는 아들에게 열심히 음악을 가르쳤고, 악기 연주를 가르쳤다. 또 아들은 이에 부응해 연습에 힘썼다. 이 두 사람의 노력을 크게 평가하고 싶다.

특히 모차르트는 실컷 놀고 싶은 나이에 연습을 반복해야 해서 지루하고 괴로웠을 것이다. 그런데도 연습에 힘썼던 것은 부모에게 물려받은 유전자와 음악을 좋아하는 성격 덕분이 아니었을까? 또 음악 일가였던 모차르트가의 분위기도 그에게 긍정적인 영향을 미쳤을 것이다. 아버지로부터 물려받은 뛰어난 음악 재능, 그리고 어릴 때 음악 교육과 훈련을 받을 수 있었던 환경이 그의 재능을 단숨에 꽃피우게 했다. 바꿔 말해, 모차르트가 좋은 음악적 환경에서 자라지 못했다면 자신의 음악적 재능을 이끌어내지 못해 위대한 작곡가가 되지 못했을 가능성이 있다. 즉 모차르트의 성공은 재능(유전)과 환경이 상승효과를 일으킨 좋은 사례라 할 수 있다.

일본의 바이올린 연주자 고토 미도리五島みどり와 피아노 연주자 쓰지이 노부유키辻井伸行에게서도 모차르트와 비슷한 점을 찾아볼 수 있다. 고토 미도리의 어머니는 원래 바이올린 연주자였지만 도중에 활동을 중단하고 딸을 맹렬히 훈련시키는 데 전념했다. 쓰지이의 아버지는 음악가는 아니었지만 태어날 때부터 눈이 보이지 않는 아들의 재능을 알아보고 어릴 때부터 피아노를 가르쳤다고 한다. 그 결과 두 사람 모두 일류 연주자로 자라났다.

체스, 바둑과 IQ는 상관이 없다

서양의 체스, 동양의 바둑은 머리를 주로 쓰는 경기다. 두 사람이 마주앉아 장시간 생각한 뒤 말이나 돌을 움직여 승부를 겨루는데, 신중하게 숙고하면서 상대의 몇 수 앞을 읽고 자신에게 유리한 수를 둬야 한다. 그러다 보니 한 게임에 며칠씩 걸리는 경우도 있다. 이처럼 기억력, 분석력, 사고력이 필요한 게임이라서 뛰어난 두뇌가 필수 조건이라고 생각하는 사람이 많다. 그래서 체스 선수나 바둑 기사의 IQ를 조사한 연구자가 많았다. 내가 그랬듯 많은 연구자가 처음에는 두뇌를 많이 쓰는 바둑과 체스 기사의 IQ가 높을 것이라고 생각한 것이다. 그러나 사실은 그렇지 않았다. 에릭슨과 풀에 따르면, 체스 선수나 바둑 기사의 IQ와 경기력은 서로 관련이 없다고 한다. 심지어 일류 바둑 기사의 평균 IQ는 일반인보다 더 낮은 93이었다.

그러면 체스나 바둑은 어떻게 잘할 수 있을까? 세 딸 모두를 일류 체스 선수로 키워낸 것으로 유명한 헝가리의 심리학자 라슬로 폴가르Laszio Polgar와 그 아내 클라라Klara 부부의 이야기를 모범으로 보일 수 있을 듯하다. 이 부부는 어릴 때부터 아이들을 학교에 보내지 않고 집에서 24시간 내내 체스 훈련을 시켰다고 한다. 그 결과 첫째 딸은 15세에 세계 여성 체스 대회에서 1위를 차지했고 둘째 딸은 14세에 남성까지 포함한 로마 대회에 나가 좋은 성적을 거뒀다. 셋째 딸은 2014년에 은퇴할 때까지 24년간 여성 선수 중 1위를 유지했으며 남자까지 포함한 세계 순위에서도 8위의 성적을 남겼다.

　체스는 남성이 압도적인 우위를 차지하는 분야이므로 남자와 여자가 따로 대전하는 경우가 많다. 그 탓에 남성을 포함한 순위에서는 1위를 차지하지 못했지만 셋 다 일류 선수로 활약했다. 세 자매의 IQ가 알려져 있지 않아서 지능과 체스 성적의 관계를 논하기는 어렵다. 하지만 셋 다 어릴 때부터 체스와 친숙한 환경에서 자라며 가족이 다함께 체스 연습에 힘쓴 것만은 사실이다. 이 사례에서 어릴 때의 훈련과 노력의 중요성을 확인할 수 있다.

3   직장인의 노력

학벌 사회는 평등한가 불평등한가

이번에는 사회에서 가장 많은 비중을 차지하는 조직원들, 즉 기업이나 기관 등 조직에서 일하는 사람의 성공에 관해 이야기하겠다. 일반 기업에는 '사원 → 대리 → 과장 → 부장 → 임원 → 사장'으로 정해진 승진 경로가 있다. 기관에도 직위의 이름은 조금 다를 수 있지만 비슷하게 정해진 경로가 있다. 여기서는 이 경로를 차곡차곡 밟아 승진하는 사람, 승진하지 못하는 사람, 승진이 빠른 사람, 승진이 늦어지는 사람 사이에 어떤 차이가 있는지 알아보려 한다. 승진에 영향을 미칠 것으로 예상되는 요인은 성별, 연령, 근속 연수, 학벌, 업무 노력, 근무 실적, 사내 인맥, 다른 조직원들과의 인간관계, 운 등 매우 다양하다. 그러나 여기서는 이 요인을 모두 논하지 않고 이 장 내용과 가장 밀접한 요인, 즉 '노력'과 '실적'만 다룰 것이다. 그리고 그 전에 '학벌' 역시 이 책 내용과 관계가 있으므로 먼저 다루겠다.

일본은 종종 '학벌 사회'로 불린다. 학벌이란 두 가지를 의미한다. 첫째는 초등학교, 중학교, 고등학교, 대학교 등 어느 수준의 학교까지 진학, 졸업했느냐 하는 양적인 학벌이다. 둘째는 어느 학교를 졸업했느냐 하는 질적인 학벌이다. 특히 최종 학벌이 중요한데, 졸업한 학교가 얼마나 명문인지, 그 학교를 졸업한 사람들이 얼마나 윤택한 인생을 살고 있는지가 판단 기준이 된다.

근대 일본은 고소득 가정의 자녀만 고등학교 이상의 상급 학교에 진학할 수 있는 불평등 사회였다. 현대 초기에도 20~30년간 그런 상황이 이어졌으나 일본 전체의 가계 소득이 높아지면서 불평등이 상당히 해소됐다. 어쨌든 근대와 현대를 불문하고, 대부분의 일본인은 명문 학교를 졸업해야 기업, 기관뿐만 아니라 연구, 의료, 사법 등 다른 업계에서도 유리한 인생을 살 수 있다(좋은 직장에 취직하거나 승진이 빠르다)고 믿는다.

이 믿음처럼, 학교 공부를 잘하는 사람이 상급 학교나 명문 학교,

유명 학교에 들어갈 수 있고 좋은 학교를 졸업한 사람이 사회에서 우대받는 것은 사실이다. 그래서 수많은 젊은이가 입시 경쟁에 뛰어든다. 이런 학벌 사회, 즉 교육 중시 사회에는 명확한 장점이 있는데, 17~18세기 유럽 사회를 역사적으로 돌아보면 그 사실을 금세 알 수 있다. 당시 영국 사회의 지도자나 정치가, 고급 관료는 하나같이 광대한 토지를 보유하거나 큰 자산을 보유한 귀족이었다. 세습제로 지탱되던 신분제 사회였기 때문이다. 이런 사회에서는 아무리 유능해도 귀족이 아니면 사회 지도자가 될 수 없었다. 하지만 무능한 고위층의 자녀가 높은 자리에 올라 사회를 좌지우지한다면 사회의 진보를 기대할 수 없다. 그래서 등장한 것이 학교에서 수준 높은 교육을 받은 사람을 우대하며 높은 성과를 요구하는 '메리토크라시Meritocracy(실력주의)'다. 그래서 교육 수준이 높고 뛰어난 능력을 갖춘 사람을 중용했더니 세습제를 선택했을 때보다 공평한 인사 정책을 펼칠 수 있었다. 또한, 실력주의가 사회의 진보에 유익하다고 믿는 사람이 많아지자 학교 교육이 사회에서 차지하는 역할이 점점 커졌다. 프랑스도 조금 늦었지만 영국의 본보기를 따랐다. 나폴레옹이 만든 그랑제콜Grandes Écoles 역시 메리토크라시 사상에 충실한 엘리트 학교였다.

일본에서도 비슷한 변화가 일어났다. 메이지 시대 정부는 처음에는 유신에 공헌한 사쓰마薩摩, 조슈長州, 도사土佐 번藩*의 유력자들로 채워졌으므로 공평한 인사가 이루어졌다고 말할 수 없는 상태였다. 그래서 정부는 유능한 인재를 출신과 관계없이 채용하기 위해 데이코쿠帝国대학교를 만들었다. 이때도 여전히 신분이 높은 사람의 자녀만이 데이코쿠대학교에 입학해 학벌 사회의 엘리트로 키워졌다. 메이지 시대에 이처럼 학벌 사회가 확립될 수 있었던 것은 1885년에 수립된 제1차 이토 히로부미伊藤博文 내각의 초대 문부대신인 모리 아리노리森有礼가 데이코쿠대학교를 창설한 덕분이다. 이 대학은 나라의 지도자, 즉 법률가, 관료, 의사, 기술자, 교사를 육성하기 위해 만들어진 당대 최고의 교육 기관이었다. 당시 메이지 정부는 이 대학을 통해 법치 국가를 이끌어나갈 법률가, 국가의 지도자로서 사회·경제를 움직일 관료, 병에 시달리는 국민을 도울 의사, 공업 발전에 기여할 기술자, 차세대 교육을 담당할 교사를 양성해 국가를 근대 국가로 발전시키고자 했다. 그중에서도 특히 중요한 것이 사회와 경제 발전의 선봉이 될 관료를 양성하는 일이었다. 따라서 많은 사람들이 관료가 되는 것을 입신출세의 상징으로 여겼으며, 이것이 데이코쿠대학교에 진학하기 위한 입시 전쟁이 시작된 이유다.

---

* 에도 막부의 특정 행정 구역. 메이지 유신 후 현으로 바뀐다.

그러나 메리토크라시에서 이어진 학벌 사회에는 문제가 많다. 학벌 사회에서 자란 학생에게는 학업 성적이 가장 중요하다. 학과에서 양호한 성적을 올리는 사람만이 성공한다고 믿기 때문이다. 이와 관련해 쟁점도 여럿 생겼다. 먼저, 인간의 가치를 학과목의 우수성, 즉 성적으로만 판단해도 되느냐 하는 점이다. 학업, 학문에 뛰어난 사람이 다른 자질도 뛰어나다는 보장은 없다. 예를 들어 고위 관리직이 되어 지도자로서 조직을 이끌려면 강한 리더십이 필요하다. 그러나 근대 일본의 기관이나 대기업에서는 아무리 뛰어난 리더십을 보유한 사람이어도 학벌 없이는 간부가 될 수 없었다.

특히 공공기관은 근대에는 '고등문관 시험'에 합격한 사람, 현대에는 '공무원 상급 시험 혹은 1종직 시험'에 합격한 사람만 간부로 등용했는데, 그 합격자 중 대부분이 도쿄대학교 졸업생이었다. 또, 공공기관만큼 노골적이지는 않지만 민간 대기업 역시 이와 유사한 인사 정책을 실시해 학벌주의를 지지했다. 인사 제도가 이렇다 보니 다른 자질이 뛰어난 인재도 학벌이 부족하다는 이유로 승진을 못하는 경우가 많았다. 공공과 민간에서 유능한 인재를 충분히 활용하지 못해 조직의 효율성이나 생산성이 큰 손해를 감수해왔던 셈이다. 이것이 학벌 사회의 가장 큰 단점이다.

이 때문에 학벌이 낮은 사람은 취직 후 학벌 사회의 현실을 알고 근로 의욕을 잃기 쉬웠다. 필사적으로 노력해도 보상이 없다고 생각하면 누구든 의욕을 잃기 마련이다. 기관이나 기업의 생산성은 아직 승진하지 않은 젊은 사원과 중년층의 근로 의욕에 달려 있다고 해도 과언이 아니므로 이는 상당히 심각한 문제다.

단, 나중에 다시 강조하겠지만, 경제 고도 성장기는 민간 기업에서 이런 문제가 겉으로 드러나지 않았던 예외적인 시기였다. 그때는 모두가 열심히 일해서 회사를 성장시키려고 노력했다. 거의 모든 사람이 가난했으므로 누구나 임금을 조금이라도 더 많이 받으려 애썼고, 그러려면 회사가 먼저 성장해야 한다고 믿었기 때문에 학벌이 좋든 나쁘든, 사무직이든 현장직이든 상관없이 모두가 열심히 일했다. 그러나 어느 정도 경제가 성장해 노동자의 임금이 상승하고 생활에 여유가 생기자 노동에 싫증을 느껴 적극적으로 일하지 않는 사람이 여기저기 등장하기 시작했다.

맡은 일에 따라 수준 높은 학식이 오히려 방해가 될 수 있다는 점도 학벌주의의 단점으로 꼽힌다. 기관이나 기업에는 학벌 좋은 사람이 실력을 발휘할 수 있는 부서가 분명 존재한다. 예를 들어 수준 높은 지식이 필요한 연구 개발 부문, 생산 비용을 절감해야 하는 기술 부문, 총무·법무·경리·경영 기획 등 관리 부문이 거기 해당한다. 그러나 부서에 따라서는 학식이 오히려 방해가 되기도 한다. 그 대표로 구매, 판매 등 영업 부문 및 제조 현장 부문을 들 수 있다. 영업 성과가 좋은 사람 중에는 성격이 외향적인 사람, 영업에 실패해도 좌절하지 않고 다시 도전하는 끈질긴 사람, 체력과 지구력이 강한 사람, 자존심을 숨길 수 있는 사람 등이 많다. 또 제조 부문에는 매일 반복되는 단순하고 육체적인 업무에 싫증을 내지 않는 사람, 꼼꼼해서 불량품을 내지 않는 사람이 적합할 것이다. 학벌이 좋은 사람 중에 이런 소질이 없는 사람이 의외로 많다. 지금은 기관과 기업도 이를 눈치채고 인원 배치에 신경을 쓰는 듯하다. 사람을 잘못 배치하면 생산성이 떨어지기 때문이다. 그러나 요즘처럼 대학 진학률이 50% 가 넘는 고학력 사회에서는 인원을 적절히 배치하기가 쉽지 않다. 어쩌면 대졸자 전원을 고학력으로 보는 것 자체가 문제일지도 모른다.

대졸자, 특히 명문 학교 졸업생이 우대받는 사회이다 보니 마치 자신의 능력이 우수한 것처럼 착각하고 열심히 일하지 않아도 당연히 승진할 것으로 여기는 고학력자가 많아진다는 점도 문제다. 이런 사람들은 기관과 기업의 생산성을 크게 떨어뜨린다. 심지어 학벌 때문에 콧대가 높아서 평소에 상사, 동료, 부하에게 불쾌감을 주는 사람도 적지 않다. 이것은 엘리트나 지도자가 교만하게 행동하는 것과 비슷한 현상으로, 학벌 사회의 큰 단점이라 할 수 있다.

학벌 사회는 국민에게 공부를 잘하는 사람만 보상받는다는 인상을 준다. 학교 성적이 인생을 좌우한다고 착각하게 만드는 것이다. 그래서 공부가 체질에 맞지 않는 사람에게도 자꾸만 공부를 강요한다. 공부가 맞지 않는 사람은 다른 분야에서 분발하여 성공하는 것이 사회에 유익한데도 말이다.

마지막으로, 학벌 사회는 소득 격차에 따른 불평등을 초래할 수 있다. 교육 수준이나 학벌로 사람을 선발하는 구조가 얼핏 공평하게 보일지도 모르지만, 사실 교육 수준이 높은 사람은 부모의 사회경제적 지위가 높은 경우가 많다. 즉 부모가 자녀를 학원에 보낼 만큼 충분한 소득을 벌었기 때문에 자녀를 학원에 보내 성적을 올린 것일 수도 있기 때문이다.

공부를 잘하면 취직에 유리하다

솔직히 말해, 나는 기업이 신입 사원을 뽑을 때 명문 학교를 나온 사람을 우선하는 것을 이해하는 편이다. 기업은 입사 지원서를 낸 사람, 특히 학교를 갓 졸업한 지원자의 구체적인 성과를 알 길이 없다. 어느 학교에서 공부를 했는지, 공부 이외의 활동은 무엇을 했는지 아는 것이 고작이다. 응시한 학생은 격심한 입시 경쟁에서 승리하기 위해 열심히 공부했을 테니 기업의 채용 담당자가 명문 학교를 나온 학생을 보며 '저 응시자는 열심히 노력해서 좋은 대학에 갔구나' 하고 생각하는 것도 무리는 아니다. 열심히 노력한 사람에게 좋은 점수를 주는 것은 어찌 보면 당연한 일일지 모른다. 물론 학교 공부와 기업의 노동은 성격이 전혀 다르므로 공부를 열심히 한 사람이 기업에서도 열심히 일한다는 보증은 없다. 열심히 노력한다 해도 그것이 학교에서처럼 성과를 맺을지도 미지수다. 이미 말했다시피 명문 학교 출신임을 앞세워 당연히 좋은 대접을 받으려 하면서 일은 게을리 하는 사람도 있을지 모른다. 그러나 성실한 성격이라면 사회에서도 열심히 일할 가능성이 높으므로 기업이나 기관이 명문 학교 출신을 우대하는 것을 어느 정도 이해할 수 있다. 어쩌면 명문 학교를 나온 직원들이 기업에서 일을 잘한다는 통계 자료를 찾을 수 있을지도 모르겠다. 예전에는 '지정 학교 제도'라는 것이 있어서 기업이 자사에 입사 원서를 낼 수 있는 학생의 출신 대학을 지정하기도 했다. 특히 상장 기업이나 대기업이 이 제도를 많이 채택했다. 이 제도는 불공평하다는 비판이 거세져서 지금은 사라졌지만, 지금도 암암리에 시행되고 있는 듯하다.

나는 이처럼 채용 기준으로 학벌을 활용하는 것에 완전히 반대하지 않지만, 채용 후에는 반드시 '○○ 대학 출신'이라는 말을 인사 기록에서 삭제하고 입사 후 업무 성과만으로 인사 대상자의 승진을 결정해야 한다고 생각한다. 즉 입사 후에는 '능력주의와 실력주의'를 관철하는 것이 바람직하다. 능력주의란 능력에 따라 노동자를 대우하는 정책을 말한다. 여기서 능력이란 어떤 일을 순조롭게 수행하는 데 필요한 잠재적 실력으로, 예를 들어 통역이나 번역을 하는 사람이라면 외국어 지식이나 회화 능력 또는 자국어 구사 능력과 외국의 문화, 정치, 경제에 대한 지식이 될 것이다. 신제품을 개발하는 사람이라면 과학과 공학에 관한 학식, 관련 제품에 대한 지식, 제품 재료의 질과 가격에 대한 지식, 관리 기술 등이 필요하다.

그런데 충분한 능력을 갖추려면 충분한 교육과 훈련이 필수적이다. 그리고 충분한 교육과 훈련을 실현하려면 학교에서 그것을 충분히 가르쳐야 한다. 기업은 이처럼 교육과 훈련을 통해 충분한 업무 능력을 갖춘 사람에게 높은 임금을 지급한다. 고졸보다 대졸, 대졸보다 대학원졸의 임금이 높은 것도 그 때문이다. 하지만 기업이 요구하는 만큼 충분한 능력을 갖춘 사람은 많지 않다. 그러므로 기업은 경쟁사에 인재를 빼앗기지 않기 위해서라도 임금을 높여야 한다. 능력을 갖춘 사람은 업무 성과도 높아서 기업 및 기관에 큰 공헌을 할 테니 높은 임금이 아깝지 않다.

다음은 실적주의다. 실적이란 어떤 사람이 기업과 기관에서 올린 성과를 말한다. 즉 판매직이라면 자사 제품을 얼마나 팔았느냐, 연구 개발직이라면 기업의 신제품을 몇 가지나 개발했느냐, 비용 절약에 공헌할 기술을 얼마나 개발했느냐 하는 것이다. 이런 실적은 눈에 잘 띄는 데다 수치를 파악하기가 비교적 쉬우므로 평가에 별 문제가 없다. 그러나 수치로 명확하게 환산할 수 없는 업무는 평가가 어렵다. 그런 업무는 단독으로 이루어졌는지, 여러 사람이 개입하여 이루어졌는지에 따라 평가 방식이 달라진다. 공동 업무라면 개인별 공헌도가 각기 다를 테니 그것을 어떻게 개인 평가에 반영할지도 결정해야 한다.

또 아무리 열심히 해도 판매량이나 생산량이 올라가지 않는 업무도 있다. 예를 들어 선배가 후배를 잘 가르쳐서 후배의 생산성이 높아졌다면 선배의 공헌을 어떻게 측정할까? 이처럼 눈에 보이지 않거나 측정이 어려운 실적 및 공헌도를 어떻게 평가할지가 문제다. 지금까지 기업들은 측정이 어려운 실적 평가를 회피하기 위해, 측정 가능한 성과까지 아예 측정하지 않거나 측정을 하고서도 그 결과를 활용하지 않았다. 그래서 대부분의 일본 기업과 기관은 지금까지 연공서열에 따라 직원 처우를 결정해왔다.

물론 연공서열제도 장점은 있다. 측정이 매우 쉬운 연령과 근속 연수라는 지표를 따르므로 모든 사람을 평등하게 대우한다는 측면에서 지지를 받기도 했다. 모두가 가난한 시대였으므로 능력주의, 실적주의로 사람들의 임금과 소득에 격차를 주면 덜 버는 사람이 먹고 살기가 어려워질 수 있다는 생각에 당시 기업들이 연공서열을 선택한 것으로 보인다. 이는 일본 특유의 '생활급 제도'와도 일맥상통한다. 젊은 사람보다 중년과 고령층에게 생활 자금이 많이 필요하므로 나이가 많아질수록 임금을 많이 받아야 한다는 생각이 그 배경에 있다. 고도 경제성장기가 종료될 때까지 일본의 거의 모든 기업과 기관이 인사에 연공서열제를 활용했다. 그러나 당시에는 그러면서도 노동자의 업무 평가가 상당히 활발하게 이뤄졌다는 점에 주의해야 한다.

기업과 기관은 중간 관리직 또는 고위 관리직으로 승진시킬 사람을 정해야 했으므로 임금 면에서는 연공서열의 체계를 따르면서도 면밀한 관찰을 통해 유능하고 성실해 높은 성과를 올리는 사람을 선발했다. 직위가 높아질수록 자리가 적어지므로 아무래도 많은 인원 중 소수를 선발해야 했고, 그러기 위해 직원들의 업무를 면밀히 지켜본 것이다. 이때도 여전히 명문 대학이나 유명 대학 출신자가 승진에 유리하긴 했지만 기업들은 직위별 임금 격차를 최소화해 경제적 공평성을 유지하려고 노력했다. 그래서 당시 기업의 사장, 임원, 중간관리직 등은 보수가 그다지 많지 않았는데, 그것을 윗사람도 아랫사람도 불만스러워하지 않았다. 이처럼 대다수의 국민이 소득의 평등을 바람직하게 인식한 덕분에 거의 모든 사람의 노동 의욕이 높게 유지됐다. 그래서 모두가 열심히 일해 일본 경제를 급격히 성장시켰다.

그러나 지금은 가계 소득이 증가해 임금에 다소의 격차가 있어도 누구나 먹고 살 수 있는 시대가 됐다. 그래서인지 더 많은 능력을 갖추고 더 높은 실적을 거둔 사람들이 평범한 임금을 받는 것에 불만을 품기 시작했다. 유능하고 성실한 사람, 높은 실적을 올리는 사람을 후하게 대우하면 기업과 기관의 이윤 및 생산성이 높아진다는 경영 논리를 믿는 사람이 늘어난 것도 능력주의, 실적주의의 대두를 촉진했다. 이리하여 능력주의, 실적주의를 도입하는 기업과 기관이 늘어났다. 단, 기관은 아직도 능력주의와 실적주의를 검토하기 시작한 단계이거나 일부만 도입한 상태다.

나는 《굉장한 프랑스 엘리트들 フランス産エリートはなぜ凄いのか》(2016)이라는 책에서 기업이 임금 결정 기준을 연공서열제에서 능력주의, 실적주의로 전환하게 된 상황을 묘사했다. 요즘은 학벌주의도 약해지고 있다. 아직 경영자나 중간관리직 등 간부 중에 명문 학교 출신자가 많긴 하지만 그 비율은 확실히 감소하고 있는 것이다. 특히 민

간 기업에서는 학벌주의가 약해지고 능력주의, 실적주의가 강해지는 현상이 뚜렷하다.

사회인의 노력과 실적을 어떻게 평가하면 좋을까

———

마지막으로 논할 주제는 업무적 노력과 실적 평가다. 업무적 노력이란, 어떤 사람이 기업이나 기관에서 얼마나 의욕적으로 일을 수행했느냐를 가리킨다. 또, 그 일을 수행할 때 얼마나 많은 준비를 했고 얼마나 적극적인 자세를 보였느냐를 가리키기도 한다. 성격이 노력에 큰 영향을 미치므로, 업무 실적은 개인의 자질과 경험에 좌우될 때가 많다. 그러므로 기업이나 기관에서는 인사 배치를 할 때 개인의 능력, 성격, 경험, 그리고 본인의 희망을 고려해 인재를 적재적소에 배치할 필요가 있다.

그러나 프로 야구를 예로 들면, 아무리 맹렬히 연습을 했다고 해도 투수나 수비수로서의 실적(승패 수, 타율, 홈런 수, 수비율, 도루 수 등)이 만족스럽지 않으면 연봉 인상을 기대할 수 없다. 오히려 실적이 저조해지면 해고나 감봉을 각오해야 할 만큼 프로 야구는 철저한 실적주의를 따른다. 그러나 기업이나 기관 인사에서 프로 야구처럼 철저한 실적주의를 관철하는 예는 거의 없다. 실적이 없어도 강등이나 감급을 시키기는커녕 오히려 노력에 대한 보상으로 어느 정도 좋은 인사 평가를 내리는 일도 있다. 운이 나빠서 실적이 오르지 않았다고 여기거나 인사 정책이 실패한 탓으로 여겨서 다음 기회를 주기 때문이다. 단, 노력을 많이 한 것이 확실하더라도 실패에 대한 벌로 약간의 강등과 감급을 실시하는 경우도 가끔 있다.

그렇다면 과연 어떤 방식으로 해야 노동자의 공감을 얻고 평등을 실현할 수 있는지 생각해보자. 업적 판단이 수치로 명확히 이루어지는 직종(영업직 등)은 별 문제가 없겠지만, 수치를 정확히 파악할 수 없는 업무나 직종은 어떨까? 그럴 때 효과적인 방법은 평가자의 범위를 넓히는 것이다. 몇몇 윗사람뿐만 아니라 같이 일하는 동료나 부하까지 평가자로 지정하면 된다. 이들은 한 일터에서 매일 함께 일하는 사람이므로, 성과를 수치로 확인할 수 없다 해도 서로가 얼마나 열심히 일하는지, 얼마나 게으름을 부리는지 잘 알기 마련이다.

동료나 부하는 평소에 자주 보는 만큼 신뢰성 있는 평가를 내릴 수 있다. 그래도 주관적인 평가라서 오차가 크다는 것이 결점이지만 되도록 많은 사람을 평가자로 삼으면 오차를 최소한으로 줄일 수 있다. 또 한 가지 중요한 것은 이런 방식에 따라 낮은 평가를 받은 사람에게 어떤 조치를 취하느냐 하는 것이다. 높은 평가를 받은 사람에게는 승진이나 임금 향상 등으로 보상하는 것이 바람직하지만, 반대로 낮은 평가를 받은 사람은 근무지를 이동시켜 새로운 일을 하도록 하는 수준에서 그치는 것이 좋다. 재도전할 수 있도록 기회를 주는 것이 중요하기 때문이다. 기존의 일에 적합한 잠재적 능력이 없다는 사실을 확인했다면 본인의 다른 능력을 살릴 수 있는 직무를 새로 맡겨보자.

주변의 상사, 동료, 부하와의 인간관계에 문제가 있을 때도 성과가 저조해질 수 있다. 그 문제의 책임이 본인에게 있다면 직업 심리학 전문가의 조언을 받아 성격이나 업무 방식의 변화를 꾀할 필요가 있다. 반대로 타인의 책임이라면 근무지를 이동시키는 조치가 바람직하다.

5장

운

운 좋은 사람과 운 나쁜 사람

1 행운을
끌어들이는 방법

'운'을 대하는 우리의 자세

―

'그저 운이 좋았어요'라는 말을 자주 듣는다. 특히 성공한 사람들이 이런 말을 자주 하는데, 사실은 본인이 재능도 있고 노력도 많이 해서 성공했을지라도 그 성공을 자신의 공으로 돌리는 것이 낯 뜨거워서 겸허한 태도를 취하는 듯하다. 혹은 자신의 재능에 맞는 직업을 선택하고 열심히 노력할 수 있었던 것을 일종의 '영감' 덕분으로 돌리는 것인지도 모른다. 여기서 말한 '영감'이야말로 '운'의 다른 말이다. 허나 그들 역시 재능이 있어서, 또는 노력했기 때문에 어떤 행동이 조금 더 필요한지 직감적으로 알아챌 수 있었던 것은 아닐까?

한편 실패한 사람이나 일이 잘 풀리지 않는 사람이 '운이 나빴어요'라고 말할 때가 있다. 성공을 위해 열심히 노력했는데도 실패로 끝난 것은 자신이 운이 없었기 때문이라는 것이다. 그러나 그 사람은 운을 불러들일 만한 재능이 없었거나 잘못된 방법으로 노력했을지도 모른다.

　'운도 실력'이라는 말도 심심치 않게 들을 수 있다. 특별히 재능이 뛰어나고 머리가 좋은 사람, 신체나 운동 능력이 뛰어난 사람, 아름다운 외모를 갖고 태어난 사람 등은 각각 학자, 연구자, 스포츠 선수, 영화배우 등으로 대성할 가능성이 높다. 그러나 이처럼 운 좋게 특별한 재능을 타고난 사람도 노력을 하지 않으면 재능을 살릴 수 없다. 그러므로 타고난 운을 살리기 위해서는 노력을 해야 한다.

　이처럼 능력을 타고난 사람에게까지 노력을 재촉하는 행동 역시 '운도 실력'이라는 말에 대한 확대 해석이 될 수 있다. 기업 및 기관 등 이런저런 조직에서 일하는 사람에게 승진은 매우 큰 사건이다. 기업이라면 사원에서 대리로, 대리에서 과장으로, 과장에서 부장으로, 부장에서 임원으로, 임원에서 사장으로 승진한다. 승진을 거듭할수록 부하도 많아지고 임금도 오르므로 대부분의 조직원이 승진을 희망할 것이다. 그런데 일본의 기업과 기관에서 승진하기 위해서는 근속 연수, 업무 실적뿐만 아니라 운도 중요하다.

그 운 중 첫 번째는 '사람'과의 만남이다. 직속 상사나 주변 상사가 부하의 승진을 좌지우지하는데, 누구를 상사로 만나느냐가 운으로 결정되기 때문이다. 운이 좋아야 자신을 호의적으로 봐주는 상사, 자신의 업무를 정당하게 평가해주는 상사를 만날 수 있다. 게다가 그 상사가 실력자라면 자신을 이끌어줄 가능성도 높아지므로 상사 운만큼 회사 생활에 중요한 것도 없다.

그러나 여기서도 노력의 역할이 남아 있다. 현재의 상사가 실력자가 아니라면 당신이 좋은 성적을 내더라도 발탁될 확률이 낮다. 그러나 맹렬한 노력을 거듭해 두드러진 업적을 남긴다면, 그 소식이 조직 내에 자연스럽게 퍼져나가 다른 부서의 실력자 상사의 귀에까지 들어갈 것이다. 그러면 그 실력자가 당신을 다른 부서로 옮기려고 나설지도 모른다. 이런 실력자 밑에서 일하게 되면 장래가 더욱 밝아지기 마련이다.

재능과 노력을 무시하면 행운은 오지 않는다
—

'운'이란 자신의 의사만으로는 어찌 할 수 없는 우연한 만남이다. 이를 이해했다면 운에 잘 대처하기 위해 어떤 자세를 취해야 할지 알아보자.

첫째, 운에만 의존해서는 안 된다. 기도 등 종교 의식을 따르는 일, 습관이나 관습에 얽매이는 일은 일시적인 위안이 될지는 몰라도 실제로 목표를 성취하는 데 아무 도움이 되지 않는다.

둘째, 행운을 끌어들이려면 스스로 최대한의 노력을 기울이는 자세가 필요하다. 극히 소수긴 하지만 노력하지 않고 운으로만 성공하는 사람도 있긴 하다. 복권이나 도박에서 대박을 터뜨리는 사람들이다. 그러나 복권을 사더라도 몇 명이 자금을 모아 복권을 많이 사서 당첨금을 나눈다면 가능성을 훨씬 높일 수 있다. 도박 역시 어떻게 플레이해야 이길 확률이 높아지는지 면밀히 연구한 후 도전하는 것이 유리하다. 이 역시 엄연한 '노력'이다. 단, 행운을 위한 노력에는 항상 위험이 따르는데, 이에 대해서는 나중에 자세히 설명하겠다.

셋째, 불행히 실패를 겪었다 해도 결코 절망해서는 안 된다. 오히려 왜 실패했는지 냉정히 분석해 같은 실패를 두 번 다시 반복하지 않는 것이 중요하다. 실패의 원인을 완전히 없앨 방법을 궁리하고 그 방법을 실행에 옮기기 위해 열심히 노력하자. 그러나 주변에서 실현 불가능한 꿈이라고 판단하는 일에 자꾸만 도전하는 것은 바람직하지 않다. 오히려 깨끗이 포기하고 자신의 능력에 적합한 새로운 일을 시작하는 것이 좋다.

넷째, 자신이 잘하는 일, 혹은 장점이 무엇인가를 경험을 통해 찾아내야 한다. 장점을 살리는 데 집중하면 최대의 성과를 얻을 수 있으므로 성공할 확률이 더욱 높아진다. 단, 장점을 찾는 데 그치지 말고 그 장점을 실제 인생에 어떻게 활용할지 구체적인 계획을 세워서 실천해야 한다.

다섯째, 이건 교훈은 아니지만 알아두면 도움이 될 텐데, 실패를 불운 탓으로 돌리면 정신적 충격을 줄일 수 있다. 어떤 일이 실패로 끝났을 때 그 원인을 자신의 능력이나 노력 부족에서 찾기보다 단순히 운이 나빴을 뿐이라고 생각하면 다음번에는 성공할 수 있다는 마음이 들 것이다. 그래서 다음번의 행운을 잡으려고 의욕적으로 재도전할 수 있다. 그러나 이런 태도는 양날의 검과 같다. 실패의 원인을 불운에서만 찾고 자신의 재능과 노력이 부족했던 것을 깨닫지 못하면 재도전해도 실패할 가능성이 높다. 아무 노력도 하지 않고 행운만 기다리는 사람은 많은 것을 이룰 수 없는 법이다.

나중에 다시 설명하겠지만, 실패를 초래하는 위험 요소 또한 매우 다양하므로 어떻게 하면 실패를 막을 수 있을지 냉정히 분석할 필요가 있다. 만약 재능 부족이 원인이라면 과감히 포기하고 다른 새로운 일을 찾아야 하고, 노력 부족이 원인이라면 다시금 효율적인 노력을 기울여 재도전하는 것이 좋다.

행운, 불운, 그리고 위험

   '운'에 관해 이야기할 때 반드시 등장하는 주제가 '위험'이다. 인간 사회에는 다양한 일이 일어나는데, 그중 예기치 못하게 일어나는 일 혹은 불의에 발생하는 나쁜 일을 위험으로 총칭한다.

   자연적 위험은 지진, 태풍, 벼락, 비, 가뭄 등 매우 다양하며, 인위적 위험도 사망, 질병, 노쇠, 범죄, 실업 등 무수하다. 사회적 위험 역시 전쟁, 테러, 교통사고, 폭발사고 등 가지각색이고, 경제적 위험도 주가, 외환 및 금리 변동, 주가와 땅값 변동 등 셀 수 없이 많다.

   영국의 사회학자인 앤서니 기든스Anthony Giddens가 이처럼 무수히 발생하는 위험을 두 종류로 분류했다. 인간의 행위와 무관한 위험인 '자연적 위험natural risk', 인간이 개입해 생긴 '인위적 위험manufactured risk'이다. 전자는 불특정 다수에게 닥쳐오는 위험이고, 후자는 특정한 사람이나 관계자에게만 닥쳐오는 위험이다.

   위험은 발생을 예상할 수 있는 확실한 현상, 그리고 발생을 예상할 수 없는 불확실한 현상으로 나뉜다. 전자의 대표적인 예는 현역에서 은퇴하고 나면 수입이 전혀 없어질 수 있다는 사실, 후자의 대표적인 예는 원자력 발전소 사고나 지진, 교통사고 등이 될 것이다. 불확실한 현상에 대해서는 그 피해를 누가 책임지고 보상하느냐가 매우 중요하다. 그 주체는 본인, 사고를 일으킨 사람, 기업, 국가 등 다양하다.

인간은 지혜로워서 위험 때문에 입을 피해를 최소화하기 위해 보험을 발명했다. 보험에는 생명보험, 손해보험, 의료보험, 실업보험 등 다양한 종류가 있다. 위험이 많은 시대이므로 불확실하게 발생하는 현상, 즉 환경오염이나 방사능 피해 등에 대한 학문적 연구도 활발하게 이루어지고 있다. 또 사회학자 니클라스 루만Niklas Luhmann이 지적하듯, 근대화 이후 사람들의 선택지가 급격히 증가해 자유도가 높아지긴 했지만 그렇다고 언제나 바람직한 성과가 나타나는 것은 아니다. 사회학자 울리히 벡Ulrich Beck은 이처럼 위험 많은 사회를 '위험 사회의 도래'라는 말로 표현하기도 했다. 그래서 자연과학자, 공학자도 사고를 미연에 방지하는 기술을 개발하려 애쓰고 있다.

위험 회피도, 시간 할인율로 알아본 행운과 위험

위험 회피에 관해서는 경제학의 공헌이 크다. 경제학은 경제적 괴로움을 초래하는 실업, 질병, 노쇠, 그리고 은퇴를 포함한 근로 불능 상태 등 다양한 위험의 피해를 최소화하기 위해 보험제도와 사회보험 제도를 창설하고 꾸준히 정비해왔다. 동시에 이런 위험을 해소하기 위한 이론과 정책도 꾸준히 개발해왔다. 경제학은 또한 확률론의 개념인 '위험 회피도' 및 '시간 할인율'을 활용해 불확실한 행운과 위험에 대처하고 있다. 이 개념들을 쉽게 이해하기 위해 우선 인간 행동의 특성부터 생각해보자. 이 내용은 경제학자 니시이 야스히로 西井泰弘를 참고했다.

모든 인간은 위험을 회피하기 마련이지만, 그 정도에는 개인마다 차이가 있다. 그 정도의 차이를 '위험 회피도'라 한다. 그래서 되도록 위험을 피하려 하는 사람을 '위험 회피적'인 사람이라 칭하고, 반대로 위험에 과감하게 도전하는 사람을 '위험 애호적'인 사람이라 칭한다. 쉽게 설명하자면 주가가 크게 변동할 것이 예상될 때 큰 손해를 피하기 위해 주식을 처분하는 사람이 전자, 큰 이득을 얻기 위해 큰 손해를 감수하겠다는 각오로 주식을 사들이는 사람이 후자다. 일본인은 대체로 위험 회피적이며 미국인은 대체로 위험 애호적이라고 한다. 통계로 봐도 일본인 중에는 주식을 보유하는 사람이 적고 미국인 중에는 주식을 보유하는 사람이 많다. 성별로 비교하면 남성이 위험 애호적, 여성이 위험 회피적이라고 한다. 또 도박 선호도에도 남녀 차이가 있다. 한편 연령으로 말하자면 젊은이는 위험 애호적, 고령자는 위험 회피적이다. 그러나 이 역시 평균적인 차이일 뿐 개인차가 매우 크기 때문에 개인별 위험 회피도에 주목하는 것이 좋다.

그리고 '시간 할인율'이란 미래보다 현재를 중시하는 정도를 말한다. 다시 말해 장래보다 지금이 중요하다(혹은 현재를 즐기고 싶다)고 생각하는 사람은 시간 할인율이 높고, 반대로 장래를 고려하며 행동하는(혹은 즐거움을 장래로 미루려는) 사람은 시간 할인율이 낮다고 말한다. 시간 할인율은 인간의 '성급함'을 측정하는 척도로도 통한다. 소비 행동을 예로 들면, 시간 할인율이 높은 사람은 소비하기 위해 저축을 미루려 하고, 시간 할인율이 낮은 사람은 소비를 최소화하고 저축을 늘려 소비를 미래로 미루려 한다.

거듭된 실험 결과 남성이 여성보다, 미혼자가 기혼자보다, 저소득자가 고소득자보다 시간 할인율이 높은 것으로 나타났다. 위험 회피도와 시간 할인율의 개념을 알아두면 경제나 정책 운영에 대해서도 다양한 주장을 펼칠 수 있다.

2   타고난 외모와
       행운

외모도 운이다

———

 머리 좋은 사람, 신체 능력과 운동 능력이 뛰어난 사람, 부유한 부모 밑에서 태어난 사람은 모두 운이 좋았다고 말할 수 있다. 반면 그렇지 않은 사람은 운이 나빴던 셈이다. 사람들은 천부적 소질과 가정환경을 스스로 선택할 수 없는 신의 뜻으로 여겨 그다지 문제 삼지 않는다. 그렇다고 불운하게 태어난 사람을 그대로 살게 내버려두는 것은 가혹한 일이다. 그래서 학계에서도 사회 구성원 대부분이 찬성하는 기회 평등의 가치를 실현하기 위해 다양한 대책을 강구하고 있다.

타고난 외모 역시 운의 일종이지만 학자들은 이런 운에 대한 분석을 오래전부터 회피해왔다. 사람의 외모는 천차만별인 데다 그 차이를 메우거나 시정할 방법이 거의 없었고, 방법이 있다 해도 그것을 실천해야 할 이유가 없다고 생각했기 때문이다. 또, 외모에 대한 평가는 사람의 마음에 상처를 주기 쉬우므로 공공연히 논의되지 못한 이유도 컸다.

일본에서는 문화연구자 이노우에 쇼이치井上章一 등의 극히 일부 연구자가 '미인론'을 다룬 것을 제외하고는 대부분 미인의 정의, 미인의 역사 등을 다뤘을 뿐이다. '외모 격차가 소득 차이에 미치는 영향' 등의 경제학적 분석이나 '외모 격차가 직업 결정에 미치는 영향' 등의 사회학적 분석은 거의 이루어지지 않았던 것이다. 이런 화제에 거부감을 느끼는 사람이 많고 분석에 필요한 통계 자료가 별로 없었기 때문이었다.

그러나 경제학의 최첨단을 걷는 미국에서는《미인 경제학Beauty Pays》(2011)을 쓴 경제학자 대니얼 해머메시Daniel Hamermesh처럼 외모 격차를 경제학적으로 분석한 사람이 많았다. 나 역시 그에게 자극을 받아 이 책에서 외모 격차를 언급하려 한다. 해머메시는 '외모 격차가 소득 격차에 얼마나 영향을 미치느냐' 하는 문제에 관심이 제일 많았지만, 나는 그뿐만 아니라 다른 측면에도 관심을 기울일 것이다.

외모 평가의 모호한 기준과 두려운 진실

———

사실 나는 2008년 발표한 논문에서 미인과 미인이 아닌 사람의 격차를 논한 적이 있다. 격렬한 반발이 쏟아질까 봐 내심 두려웠지만 막상 출간을 하고 보니 외모 격차 부분이 재미있었다는 평가가 의외로 많았다. 지금 생각하면 남성이 여성을 생각하며 쓴 미인론이었으므로 일방적이었을지도 모르겠다. 아무튼 그 논문의 결론을 요약하자면, "모든 사람이 인정하는 미인이나 미남이 있기는 하지만, 인간의 외모에 대한 평가는 평가자의 견해와 기호에 따라 크게 달라지므로 그다지 중요하지 않다"는 것이다. 그리고 이 근거로 다음 네 항목을 제시했다.

먼저, 보통 사람들의 대화에서 미인을 판단하는 관점의 차이를 엿볼 수 있다. 내가 미국에서 생활할 때 영국인 친구 하나가 이런 말을 가르쳐줬다. 'Are you a leg man or a face man?' 남자로서 여성을 볼 때 다리를 먼저 보느냐, 아니면 얼굴을 먼저 보느냐, 하는 뜻이다. 다리가 예쁜 여성, 즉 몸매 좋은 여성을 좋아하느냐, 아니면 얼굴이 예쁜 여성을 좋아하느냐를 묻는 것인데, 일반적인 서양 남성들의 대화에서도 미인의 정의가 다양하다는 것을 엿볼 수 있다.

경제학자 케인즈는 주식 투자자의 심리를 설명할 때 '미인 대회'

비유를 써서 미의 기준이 다양함을 시사했다. 미인 대회에서 몇몇 심사위원이 여러 후보자 중 제일 아름다운 사람에게 투표하는 장면을 생각해보자. 얼핏 생각하기로는 심사위원들이 본인의 눈에 제일 아름다워 보이는 사람에게 투표할 것 같지만 사실은 그렇지 않다. 케인즈에 따르면 대부분 다른 심사위원이 제일 많이 선택할 듯한 여성에게 투표한다는 것이다.

주식 투자자의 심리에 빗대 설명해보자면 이렇다. 기업(미인)의 주가는 투자하는 사람(투표하는 심사위원)이 많을수록 높아진다. 혼자만(특정한 심사위원) 다른 투자(투표)를 하면 주가가 높아지지 않으므로 이득이 없다. 따라서 다른 투자자(다른 심사위원)가 구입(투표)할 듯한 기업의 주식을 구입(즉 투표)해야 주가가 올라 이득을 얻을 수 있다. 본인이 아름답게 느끼는 여성이 아니라, 다른 심사원이 아름답게 느낄 듯한 여성에게 투표하는 것이 합리적인 것처럼 말이다. 이 비유는 본인 취향의 아름다움과 타인 취향의 아름다움의 차이를 드러내는 예시로, 사람마다 아름다움에 대한 기준이 천차만별임을 시사하고 있다.

이것도 내 경험인데, 미국과 유럽에서 유학할 때 백인 남성과 내가 생각하는 미인의 기준이 많이 다르다고 느낀 적이 많았다. 백인 남성이 미인이라고 칭송하는 사람은 나에게 그다지 미인으로 보이지 않았고, 반대로 내가 미인으로 생각하는 여성은 백인 남성들의 눈길을 그다지 끌지 못했다. 다른 일본인 남성들에게 이 이야기를 했더니 그들의 생각은 또 달랐다. 이 일로 사람마다 미인의 기준이 딴판이라는 것을 실감했다.

미인의 기준은 시대에 따라서도 달라진다. 예를 들어 중세 시대에는 볼이 포동포동해 푸근해 보이는 사람이 미인이었고, 근세에는 풍속화에 자주 등장하듯 코가 오뚝하고 얼굴은 희고 갸름한 사람이 미인으로 꼽혔다. 지금은 이목구비가 뚜렷한 서양인 같은 얼굴이 인기가 많다. 미인은 사람과 시대에 따라 달라지므로 정해진 기준이 없다고 보는 것이 타당하다.

이런 내 생각이 개인적인 체험에 편향된 의견이거나 미인의 정의를 정확히 내리지 않으려 하는 소극적 자세의 표현일지도 모르겠다. 그러나 대부분의 사람이 보편적 미인을 정의하기 어려워한다. 성별을 불문하고 누구나 아름답다고 느끼는 영화배우 등이 존재하기는 하지만, 사람의 외모에 대한 평가 기준은 보통 천차만별이기 때문이다. 그러나 해머메시는 반대의 주장을 펼쳤다. 미국과 캐나다의 연구 결과에 따르면 남녀노소를 불문하고 아름다운 것과 추한 것에 대한 보편적인 평가 기준이 대략적으로 정해져 있다는 것이다. 그는 통계 결과를 근거로, 누군가 외모가 아름답다거나 평균 이상이라는 평가를 받았다면 그는 다른 사람에게도 대략 비슷한 평가를 받을 것이라고 주장했다.

만약 이것이 사실이라면 참으로 가혹한 일이다. 연구자가 통계를 내세웠더라도 해석에는 평가자의 주관이 개입되어 있으므로 이를 감안하며 해머메시의 조사 결과를 살펴보겠다. 평가자는 특정인의 외모를 1점(추하다)부터 5점(아름답다)까지 5단계로, 혹은 10단계로 평가했다. 그리고 그 집계 결과 그 득점 분포가 일정한 경향성을 보였기 때문에 보편적인 미의 기준이 존재한다는 결론을 내렸다. 즉 아름다운 사람은 누구에게나 아름답게 보이고 반대로 추한 사람은 누구에게나 추해 보인다는 이야기다. 단, 키, 몸무게, 소득, 학업 성적, 회사 매출, 이윤과 같이 확고한 수치가 나오는 영역이 아니라서 주관적인 점수를 집계했으므로 오차나 자의성 문제를 배제할 수는 없다. 하지만 행복도 등을 분석할 때도 이런 방법이 쓰이므로 어쩔 수 없는 일이다.

표 5-1은 1970년대 미국의 조사 결과인데, 이것을 보면 평균 수준(즉 3점)이라는 평가를 받은 사람이 압도적으로 많은 것을 알 수 있다. 또 남녀를 불문하고 평균 이상(4점)이라는 평가가 평균 이하(2점)라는 평가보다 조금 더 많았다. 이 결과는 우리의 감각적인 예상과 어느 정도 들어맞는다. 한편 대단히 잘생겼다거나 아름답다는

표 5-1 **외모의 평가**

	여성	남성
대단히 잘생겼거나 아름답다	3%	2%
괜찮다(같은 성별, 같은 연령대의 평균 이상)(4점)	31%	27%
같은 성별, 같은 연령대의 평균 수준이다(3점)	51%	59%
별로다(같은 성별, 같은 연령대의 평균 이하)(2점)	13%	11%
못생겼다(1점)	2%	1%

미국의 생활과 고용의 질 조사
대상은 1970년대 미국의 18~64세(비율 분석)
※1,495명의 여성과 1,279명의 남성에 관한 데이터를 집계했음

평가는 2%와 3%, 매우 추하다는 평가는 1%와 2%였다. 남녀를 비교하면, 특별히 아름답거나 특별히 추하다는 평가는 남성보다 여성에 대해서 조금 더 많이 나왔다. 해머메시의 자료에는 대학 교수들이 두려워할 만한 조사 결과도 나와 있다. 요즘 대학에서는 일반적으로 학생들에게 교수의 수업을 평가하도록 하는데, 교수의 외모와 수업 평가에 밀접한 관계가 있다는 사실이 캐나다 온타리오주립대학교, 미국 텍사스대학교 등의 조사에서 드러난 것이다. 즉 교수의 외모가 뛰어나면 그 교수의 수업과 교수의 자질도 뛰어난 평가를 받았다. 사실 수업의 질과 교수의 자질은 외모와 전혀 무관하지만, 평가자는 상대의 외모를 보고 선입견을 갖게 된 것이다.

미모는 무기일까?

———

외모가 아름다운 사람은 정말 남보다 유리한 삶을 살까? 그렇다면 어떤 점에서 유리할까?

우선, 당연한 이야기지만 이성 교제에 유리하다. 많은 남성, 여성이 연애 상대 또는 결혼 상대로 외모가 우수한 사람을 선호한다. 아름답게 태어나면 이성에게 인기를 끌 확률이 높아지고 인기가 많으면 접근하는 사람도 많아지므로 선택지도 많아진다. 미인은 설사 본인의 지성이나 경제력이 높지 않아도 체력, 지성, 경제력이 뛰어난 상대를 선택할 수 있다. 프로 스포츠 선수나 젊은 경영자, 의사의 아내 중에 미인이 많은 것도 그 때문이다.

연애와 결혼을 생각하지 않더라도 아름다운 외모는 경제적인 성공을 낳는 원동력이 될 수 있다. 예를 들어 미모가 가장 큰 무기인 연예계에서는 배우나 모델로 성공하면 상당한 소득을 벌어들일 수 있다. 연예계뿐만 아니라 기업에서도 외모가 뛰어난 사람을 찾는 경우가 있다. 항공사 승무원, 방송국 아나운서, 어학 교사를 채용할 때 주로 미남 미녀를 선호한다. 이런 특수한 직업뿐만 아니라 일반 직업에서도 외모가 뛰어난 사람이 채용될 확률이 높다. 특히 고객을 접할 기회가 많은 영업직의 경우 외모가 준수하면 좋은 인상을 줄 수 있어서 원하는 기업에 채용될 확률이 높다. 실제로 외모가 준수한 영업사원이 계약을 많이 성사시킨다는 보고서도 있다. 미국의 화장품 판매점에서도 예쁜 여성이 높은 매출을 올리며, 변호사 중에서도 미남, 미녀의 활약상이 두드러진다고 한다.

외모 차이가 이처럼 취직과 업무 성과에 차이를 낳는다면 당연히 소득에도 영향을 미칠 것이다. 미국에서 이 현상에 대한 실증적 연구가 이루어지고 있으므로 표 5-2에 그 결과를 인용했다. 이 표를 보면, 외모가 우수한 남성은 4%의 이득을, 그렇지 않은 남성은 13%의 손해를 보고 있으며 외모가 우수한 여성은 8%의 이득을, 그렇지 않은 여성은 4%의 손해를 보고 있는 것으로 나타난다. 또, 표에는 나오지 않지만 해머메시에 따르면 외모에 따라 남성의 소득은 17%, 여성의 소득은 12%나 차이가 난다고 한다. 여성보다 남성의 소득 차가 큰 것이 흥미롭다.

일본에서 이런 연구가 실시되지 않아서 국가별 비교는 어렵지만, 시장 경제의 대표 주자인 미국에서는 유리한 조건을 갖춘 사람(미남, 미녀)이 불리한 사람(잘생기지 않은 사람)보다 상당히 높은 수입을 올리는 듯하다. 단, 이처럼 외모에 따른 격차가 존재하기는 하나, 여전히 교육이나 직업에 따른 소득 격차가 훨씬 크다는 사실을 잊어서는 안 된다. 그렇다고 외모에 따른 격차가 무시할 만큼 미미한

표 5-2 **외모가 소득에 미치는 영향**

	여성	남성
평균 이상(4점 혹은 5점)	8	4
평균 이하(2점 혹은 1점)	−4	−13

시기: 1970년대 미국(3점을 받은 평균 외모의 노동자와 비교)

※수입을 좌우하는 여타 요인의 영향을 조정했음

수준인 것도 아니다. 그런데 왜 여성보다 남성의 소득이 외모의 영향을 많이 받는 걸까? 아마 남성이 여성보다 평균 임금, 소득이 높아서 전체 소득의 격차가 훨씬 크므로 외모에 따른 차이도 커지는 것으로 보인다. 또한, 여성의 외모 격차가 이미 취업 여부에 영향을 많이 끼쳐서 외모가 불리한 여성은 아예 취업을 못 했기 때문일 수도 있다. 단 예쁜 여성이 더 많이 일한다는 근거는 어디에도 없으므로 이것은 향후의 연구 과제가 될 듯하다.

다음 이유는 미모가 어째서 무기가 되느냐 하는 것과도 관련된 이야기인데, 외모가 뛰어난 사람은 자신감이 강해서 모든 활동에 긍정적인 영향을 미칠 가능성이 높다는 것이다. 자신감이 있으면 무슨 일이든 적극적으로 임하므로 업무 실적도 높아진다. 반대로, 외모에 자신감이 없는 사람은 심리적으로 위축되어 있는 탓에 기회를 놓치기 쉽다. 그리고 보면 외모에서 유래한 적극적인 태도와 소극적인 태도가 사람의 인생에 큰 영향을 미치는 듯하다. 구체적으로 사람의 외모 차이가 생산성이나 업무 성적에 어떤 차이를 낳느냐는 아직 연구가 진전되지 않아 명확히 꼬집어 말할 수 없다.

열등감은 극복할 수 있다

———

지금까지 미남, 미녀가 직업 선택이나 소득 분배에 유리하다는 이야기를 했다. 그들은 운 좋게 준수한 외모를 타고난 행운을 신에게 감사해야 할 것이다. 그렇다고 반대인 사람이 불행한 것은 아니다. 아름답게 태어난 사람에 비해 직업, 소득, 심리, 이성 관계에서 불리할지는 모르지만 인간의 능력은 외모 이외에도 많기 때문이다.

외모의 불리함을 뒤엎을 만한 변수는 교육, 직업, 성격, 신체적 능력, 업무 능력 등 다양하다. 배움과 일의 성과는 외모와는 무관하니, 열심히 공부하고 일한다면 외모의 불리함을 얼마든지 극복할 수 있다.

그래도 나는 앞에서 언급한 '자신감' 문제에 신경이 쓰인다. 외모에 자신이 없다는 이유로 열등감에 빠져 만사에 소극적인 태도를 보이는 사람이 있다. 이처럼 연애나 결혼 상대를 찾거나 평소에 주변 사람과 관계를 맺으면서 타인의 시선을 너무 신경 쓰다 보면 공부나 일에 소극적인 태도로 임하기 쉽다. 외모는 인간의 수많은 능력 중 하나에 불과하며, 누구에게나 자신만의 장점이 있으므로 그것을 열심히 찾아내서 살리는 데 매진하라고 말하고 싶다.

나오는 말

지금까지 유전, 능력, 환경, 노력, 운에 관해 이야기했다. '아이는 부모를 선택할 수 없다'는 말처럼, 천부적인 능력은 유전으로 결정되므로 스스로 제어할 수 없다. 또한 성장 환경이나 교육 방식도 스스로 정할 수 없는 측면이 강하다. 이런 것은 운명이라 생각하고 체념하는 수밖에 없다. 그러나 자신이 불리하게 태어났다는 생각에 너무 빠져 있다 보면 삶이 불만스럽고 비참해질 것이다. 그래서 운명을 개척할 만한 도량 또한 필요하다.

도량이 없으면 타고난 불리함을 안은 채 살아가야 한다. 그러니 자신의 능력을 냉정히 파악하고 비교 우위가 있는 분야를 찾아내 최대한 살릴 수 있는 진로를 택하길 바란다. 단, 아이는 스스로 자신의 장점을 찾기가 쉽지 않으므로 주변의 부모나 교사가 도움을 줘야 한다. 본인은 그렇게 찾은 자신만의 분야에서 최대한의 노력을 기울여야 할 것이다. 가끔은 노력이 물거품으로 끝나기도 하지만 실패를 두려워하지 않는 용기가 필요하다. 그리고 희망이 있다면, '노력은 반드시 보상받는다'는 격언을 마음에 새기고 최선을 다하자. 그러면 어떤 일에서든 노력한 만큼의 성과를 거둘 수 있다. 단, 무턱대고 열심히 하기보다 자신의 능력과 특성을 고려한 합리적인 노력이 필요하다. 성인이라면 자기 노력의 방향과 질을 스스로 제어할 수 있지만 아직 어린 아이라면 부모와 교사 등 주변에서 합리적인 노력을 기울일 수 있도록 지도해야 한다.

자녀의 양육법과 교육법 등 성장 환경은 부모에게 전적으로 달려 있다. 만약 본인이 좋지 않은 환경에서 성장했다면 아이에게는 그보다 나은 환경을 제공해야 한다. 부모는 아이에게 되도록 좋은 환경을 제공하고 아이가 최선의 노력을 기울일 수 있게 돕는 사람이다. 아이가 노력하는 사람으로 자라는 데에는 부모의 역할이 상당히 중요하다. 그렇다고 부모의 취향을 아이에게 강요해서는 안 된다. 아이의 능력과 성격을 냉정히 파악해야 한다.

그리고 마지막으로, 지금까지 거의 언급하지 않았던 '희망'과 '기대'를 이야기하고 싶다. 사람은 희망과 기대를 품고 노력해 목표를 성취했을 때 지극한 행복감을 느낀다. 단, 꿈이라 하더라도 뜬구름 잡는 듯한 꿈이 아니라, 자신의 능력과 환경에 적합한 희망과 기대를 품는 것이 중요하다.

이 책은 학술적인 내용을 꽤 많이 포함하고 있다. 그래도 되도록 쉽게 집필하려고 노력했다. 만약 어려운 부분이 있었다면 나의 능력이 부족한 것이니 미리 사과드린다. 당연하지만, 어딘가 남아 있을지도 모르는 오류 역시 전부 나의 책임임을 밝혀둔다.

표·그래프 출처

p.82

그래프 2-1

다치바나키 도시아키橘木俊詔, 사코다 사야카迫田さやか (2016)

p.94, 95

표 3-1

안도 슈고安藤寿康 (2011)

p.116

표 3-2

Gutman. L. M. & Schoon. I.(2013). 'The impact of non-cognitive skills on outcomes for young people' (Education Endowment Foundation)을 참조하여 나카무로 마키코中室牧子(2015)가 작성

그래프 3-2

Heckman. J. J. & Krueger. A. B.(2003) Inequality in America: What role for human capital policies. MIT Press.

p.122

그래프 3-3

PISA(2015), PISA 원본 이외의 해설은 오자키 하루키尾崎春樹(2014) 인용

p.126

표 3-3

시미즈 고키치志水宏吉, 이사 나쓰미伊佐夏実, 지넨 아유미知念渉, 시바노 준이치芝野淳一(2014)

p.137

그래프 4-1

Child Research Net 〈제3회 학습기본조사보고서〉(2001년)

p.139, 146, 150

표 4-2, 표 4-3, 그래프 4-2, 표 4-4

시미즈, 이사, 지넨, 시바노(2014)

p.202

표 5-1

다니엘 해머메시Daniel Harmermesh(2015)

p.205

표 5-2

Daniel Harmermesh and Jeff Biddle. "Beauty and the Labor Market." American Economic Review 84(December 1994). pp.1174-94.

참고문헌

A. Ericsson and R. Pool, *PEAK : Secrets from the New Science of Expertise*, Audiobook, 2016. (안데르스 에릭슨, 로버트 풀, 강혜정 옮김,《1만 시간의 재발견》, 비즈니스 북스, 2016.)

Bouchard. T. J., "Genes, Environment and Personality." in Cesi, S. J. and Williams. W. M. ed. *The Nature-Nurture Debate*, Blackwell, 1999, pp.98-103.

_____, "Genetic Influence on Human Psychological Trails," *Current Directions in Psychological Science*, vol.13, 2004, pp.148-151.

Clark, W. R. and Grunstein, M., *Are We Hardwired? The Role of Genes in Human Behavior*, Oxford University Press, 2000.

Flynn J., *Intelligence and Human Progress : The Story of What was Hidden in Our Genes*, 2013, Academic Press.

Galton, F., *Hereditary Genius*, 1869, Macmillan Press.

Gardner. H, *Frames of Mind: The Theory of Multiple Intelligence*, Basic Books, 1983. (하워드 가드너, 이경희 옮김,《마음의 틀》, 문음사, 1993.)

Gottfredson, L., "Intelligence" in E. F. Borgatta and R. J. V. and Montgomery (eds.),

Encyclopedia of Sociology, Vol.2., 2000, pp. 1359-1386.

Gregory Cochran and Henry Harpending, *The 10,000 Year Explosion: How Civilization Accelerated Human Evolution*, Basic Books, 2009. (그레고리 코크란, 헨리 하펜딩, 김명주 옮김,《1만 년의 폭발》, 글항아리, 2010.)

Harmermesh D. S., *Beauty pays*, Princeton University Press, 2010.

Heckman, J. J., *Giving Kids a Fair Chance*, MIT press, 2013.

_____, "Skill Formation and the Economics of Investing in Disadvantaged Children", *Science*, vol.312, 2006, pp.1900-1902.

Heckman, J. J. and Krueger, A. B., *Inequality in America: What Role for Human Capital Policies?*, 2003, MIT Press.

Herrnstein, R. J. and C. Murray, *Bell Curve: Intelligence and Class Structure in American Life*, 1994, Free Press.

Jensen, A., "How Much Can We Boost IQ and Scholastic Achievement?" *Harvard Educational Review*, vol.39, 1969, pp.1-123.

Matt Ridley, *Nature via Nurture*, Harper Collins Publishers, 2003. (매트 리들리, 김한영, 이인식 옮김,《매트 리들리의 본성과 양육》, 2004.)

Richard Dawkins, *The Selfish Gene*, Oxford University Press, 1976. (리처드 도킨스, 홍영남, 이상임 옮김, 을유문화사, 2018.)

Richard E. Nisbett, *Intelligence and How to Get It: Why Schools and Cultures Count*, *Brockman*, Inc., 2009. (리처드 니스벳, 설선혜 옮김,《인텔리전스: 평범함과 비범함의 비밀을 밝힌 문화 지능의 지도》, 김영사, 2010.)

Smith, D., *The Everyday World as Problematic: A Feminist Sociology*, Northeastern University Press, 1987.

Stephen J. Gould, *The Mismeasure of Man*, W. W. Norton & Company Ltd., 1981. (스티븐 J. 굴드, 김동광 옮김,《인간에 대한 오해》, 사회평론, 2003.)

Tachibanaki, T. and S. Sakoda, "Comparative Study of Happiness and Inequality in Five Industrialized Countries," in T. Tachibanaki, (de.) *Advances in Happiness Research*, Springer, Chapter 7, 2016, pp.97-118.

Turkheimer, E., "Three Laws of Behavior Genetics and What They Mean," *Current Directions in Psychological Science*, Vol.9, 2000, pp.160-164.

安藤寿康, "遺伝と教育–人間行動遺伝学的アプローチ", 風間書房, 1999.

_____, 心はどのように遺伝するか: 双生児が語る新しい遺伝観, 講談社ブルーバックス, 2000.

_____, 遺伝マインド-遺伝子が織り成す行動と文化, 有斐閣 Insight, 2011.

_____, "個性は遺伝と環境の共同作業でできている", 遺伝とゲノム 増補第2版, ニュートンプレス, 2016, pp.24-29.

石浦章一, 「頭のよさ」は遺伝子で決まる!?, PHP新書, 2007.

礒山雅, 久保田慶一, 佐藤真一(編者), 教養としてのバッハ, 叢書ビブリオムジカ, 2012.

井上章一, 美人論, リブロポート, 2002.

卯月由佳, "小中学生の努力と目標–社会的選抜以前の親の影響力" 本田由紀 編 女性の就職と親子関係 勁草書房, 第7章, 2004, pp.114-132.

尾崎春樹, *PISA·TALIS調査から見る日本の教育·教員政策の現状と課題* 国立教育政策研究所報告書, 2014.

神原文子, "<教育する家族>の家族問題" 家族社会学研究 vol.12(2), 2001, pp.197-207.

久保田慶一, バッハの四兄弟, 音楽之友社, 2005.

西井泰弘, "リスク社会を見る目", 岩波書店, 2006.

志水宏吉, 伊佐夏実, 知念渉, 芝野淳一, "調査報告「学力格差」の実体". 岩波ブックレット No.900, 2014.

志水宏吉·前場優作, 福井県の学力·体力がトップクラスの秘密, 中公新書ラクレ, 2014.

杉江修治, "学級規模と教育効果" 中京大学教養論叢 第37券, 第1号, pp.147-190, 1996.

武川正吾 "2000年代の社会意識の変化" 竹川正吾 / 白波瀬佐和子編『格差社会の福祉と意識』" 東京大学出版会, 1章, pp.11-32, 2012.

武田恒夫. 狩野派会画史, 吉川弘文館, 1995.

橘玲, 言ってはいけない–残酷すぎる真実, 新潮新書, 2016.

橘木俊詔, 女女格差, 東洋経済新報社, 2008.

_____, 東京大学エリート養成機関の成衰, 岩波書店, 2009.

_____, 「機会不均等」論, PHP研究所, 2013.

_____, 実学教育改革論–「頭意一つ抜ける」人材を育てる, 日本経済新聞出版社, 2014.

_____, 日本のエリートリーダー不在の淵源を探る, 朝日新書, 2015.

_____, フランス産エリートはなぜ凄いのか, 中公新書ラクレ, 2015.

_____, 新しい幸福論, 岩波親書, 2016.

_____, 子供格差の経済学–「塾, 習い事」に行ける子・行けない子, 東洋経済新報社, 2017.

_____, 福祉と格差の思想史(仮題), ミネルバ書房, 近刊, 2017.

橘木俊詔・木村匡子, 家族の経済学–お金と絆のせめぎあい, NTT出版, 2008.

橘木俊詔・迫田さやか, 夫婦格差社会–二極かする結婚のかたち, 中公新書, 2013.

中室牧子. 「学力」の経済学, ディスカヴァー・トゥエンティワン, 2015.

二木美苗, "学級規模画学力と学習参加に与える影響", 内閣府経済社会総合研究所, 経済分析 第186号, pp.30-47, 2012.

本田由紀, "「非教育ママ」たちの所在", 本田由紀編. 女性の就業と親子関係. 勁草書房, 第10章, pp.167-184, 2004.

牟田和恵, ジェンダ–家族を超えて–近現代の生 / 性の政治とフェミニズム,

新曜社, 2006.

山下絢, "米国における学級規模縮小の効果に関する研究動向", *教育学研究*
　　第75券, 第1号, pp.13-22, 2008.

米元昌平, 松原洋子, 橳島次郎, 市野川容孝, *優生学と人間社会−生命科学の*
　　世紀はどこへ向かうかのか. 講談社現代新書, 2000.